아보카도가 사막을 만든다고?
수상한 로봇 알로 환경 편

글 김미현·송성혜 | 그림 한호진

차례

프롤로그 6

I 맛있는 음식에 담긴 환경 이야기

1 햄버거의 비밀을 아니? 10
- 무슨 일이 일어나고 있나요? 고기 소비가 많아질수록 지구는 아프다? 20
- 어떤 노력을 하고 있어요! 일주일에 한 번은 고기 No, 방귀세도 있다고요? 22
- 만화 TMI 세계 고기 섭취량 24

2 아보카도가 사막을 만들어 25
- 무슨 일이 일어나고 있나요? 아보카도에 발자국이 있다고? 36
- 어떤 노력을 하고 있어요! 나와 가까운 곳에서 재배한 식품이 좋아 38
- 만화 TMI 우리나라도 물 부족 국가 40

3 과자 때문에 산불을 내 41
- 무슨 일이 일어나고 있나요? 달콤함 때문에 동식물이 죽어 가고 있어! 54
- 어떤 노력을 하고 있어요! 생산과 소비에서도 지속가능에 대해 생각해야 해! 56
- 만화 TMI 희귀 동식물 멸종 위기 58

II 편리한 일회용품이 만든 환경 이야기

4 나무젓가락이 숲을 파괴한다고? 60
- 무슨 일이 일어나고 있나요? 일회용 나무젓가락으로 숲이 사라지고 있어 70
- 어떤 노력을 하고 있어요! 나무젓가락의 사용 줄이고 나무 심고, 재활용까지 72
- 만화 TMI 사막에 나무 심기 74

5 플라스틱 일회용품은 이제 그만 · 75
- 무슨 일이 일어나고 있나요? 쓰레기와 미세 플라스틱, 바다가 위험해! · 86
- 어떤 노력을 하고 있어요! 거대한 바다 청소기, 플라스틱 줄이기 정책 · 88
- 만화 주제 지도에 없는 쓰레기산 · 90

Ⅲ 일상생활에서 만나는 환경 이야기

6 진정한 패셔니스타가 될 거야 · 92
- 무슨 일이 일어나고 있나요? 패스트 패션, 환경오염도 패스트! · 102
- 어떤 노력을 하고 있어요! 친환경 패션, 오래 입을 수 있는 옷으로 · 104
- 만화 주제 버려지는 옷 · 106

7 별빛이 사라지고 있어 · 107
- 무슨 일이 일어나고 있나요? 밝은 빛은 동식물과 인체에 모두 해로워 · 120
- 어떤 노력을 하고 있어요! 빛나는 밤하늘을 찾고, 빛 공해 줄이는 대책 마련 · 122
- 만화 주제 휴대폰도 빛 공해 · 124

8 좀비 다이옥신 · 125
- 무슨 일이 일어나고 있나요? 기술과 광물의 집약체, 쉽게 사고 버리면 안 돼 · 136
- 어떤 노력을 하고 있어요! 휴대폰 속에 광산이 있어! · 138
- 만화 주제 광물 전쟁 · 140

작가의 말 · 142

소원이 이루어졌다.

매일 밤 달님을 보며 '동생 생기게 해 주세요.' 기도했는데, 초등학교 3학년이 된 올해, 드디어 나에게 동생이 생긴 것이다.

이름은 알로다. 그런데 생각했던 것만큼 좋지는 않다.

네모난 얼굴에 머리 위로는 안테나 같은 것이 달렸고, 눈과 입이 가운데로 모인 데다 팔다리도 이상하다. 벌써 20분째 이 녀석을 보고 있지만, 아무리 봐도 못생겼다는 생각밖에 들지 않았다. 몸 구석구석을 두드려 봤지만 은빛의 딱딱한 피부에서는 '통통통' 기분 나쁜 쇳소리만 짧게 났다.

알로는 고철 덩어리 로봇이다. 아빠는 로봇 만드는 회사의 연구원인데, 아빠 팀에서 이번에 새로 만든 돌봄 로봇이라고 했다. '돌봄'이라니? 도대체 누가 누구를 돌본다고 이런 고철 덩어리를 데려온 걸까?

'설마 나를? 에이, 아니겠지!'

그런데 설마가 사람 잡는다고, 내 속마음을 읽었는지 아빠가 말했다.

"엄마 아빠가 당분간 일이 바빠서 좀 늦어지면, 알로가 너를 돌봐 줄 거야."

아빠는 곧바로 작동 버튼을 눌렀다. 순간 로봇의 얼굴 위로 빨간 불빛과 파란 불빛이 교차로 움직이더니 '삐리링' 소리가 나면서 말을 하기 시작했다.

"내 이름은 알로. 검색과 주문은 기본, 요리도 할 수 있고, 아이들을 데리러 갈 수도 있고, 학원 보내고 숙제도 돌봐 줄 수 있어요."

로봇을 작동시키면 나오는 소리인지, 아니면 로봇 스스로 하는 자기소개인지 모르겠지만, 로봇은, 아니 알로는 제 할 말을 하다 말고 시무룩한 나를 보며 한마디 했다.

"어린이가 화가 났군. 화난 얼굴은 미워요."

도대체 뭐라는 거야? 잔소리 많은 어른처럼! 정말로 나를 돌보겠다고? 아니, 도대체 아빠는 뭘 데려온 거지?

1
햄버거의 비밀을 아니?

"수학 만든 사람 누구야. 으, 숙제하기 싫어."

오늘도 거실 천장에 +와 −, ×, ÷가 떠다니는 것 같다. 수학은 어렵고, 영어 단어는 왜 그렇게 많이 외워야 하는지, 도대체 이해할 수 없다. 이럴 때는 맛있는 걸 먹어 줘야 힘이 난다. 뭘 먹을까? 오랜만에 햄버거 세트를 먹어야겠다. 나는 부리나케 옷을 입고 나갈 준비를 했다. 그런데 알로가 고개를 갸우뚱거리며 따라나섰다.

"어디 가는 거야? 나도 같이 가. 엄마 아빠가 안 계실 때는 내가 널 돌볼 거야."

맞다. 집에 알로가 있다는 걸 깜박했다. 그래도 알로와 나가는 건 망설여진다. 로봇과의 외출이라니. 알로를 보면 친구들이 놀릴지도 모르고, 어른들은 누구냐며 한마디씩 할 게 분명하다. 그래서 나는 알로 말을 못 들은 척하고, 부리나케 신발을 신었다.

그런데 알로가 먼저 현관으로 나섰다. 기세를 보니 물러날 것 같지 않았다. 하는 수 없이 아빠 바지와 목까지 오는 코트, 얼굴까지 가려지는 목도리와 모자까지 씌웠다. 알로의 눈만 남기고 모두 가렸다.

"알로, 누가 물어보거나 인사해도 아무 말 하면 안 돼. 알았지?"

알로는 내 말을 알아들었는지, 이모티콘처럼 한쪽 눈을 찡긋 감았다. 이 정도면 완벽하다 싶어 현관문을 나와 부지런히 걸었다. 빠른 걸음으로 어느새 아파트 단지 입구까지 왔고, 한숨 돌린 나는 얼마 전 집 앞에 문을 연 버거왕으로 뛰어갔다. 어? 그런데 무슨 일인지 알로는 버거왕을 지나쳐 멈추지 않고 걸었다.

'알로가 맥또리아로 가자는 건가? 히히, 맥또리아도 좋지.'

혼잣말로 고개를 끄덕인 나는 빠른 걸음으로 알로 뒤를 따랐다. 얼마 지나지 않아 저 앞에 노란색이 선명한 맥또리아 캐릭터가 보였다. 순간 맥또리아 메뉴들이 떠오르면서 침을 꼴깍 넘기려는데, 이번에도 알로는 걸음을 멈추지 않았다. 저 녀석이 어디까지 가는 거야? 나는 전진만 하는 알로를 불러 세웠다.

"알로, 어디 가는 거야? 햄버거 가게는 여기란 말이야."

하지만 알로는 내 말을 들은 체도 하지 않고 가던 길만 갔다. 하는 수 없이 알로 뒤를 다시 따라갔는데, 알로가 멈춰 선 곳은 평소 내가 보지 못했던 가게였다.

"아, 새로 생긴 가게를 가려고 했던 거야? 히히, 말을 하지. 맛있으면 좋겠다."

처음 보는 버거 가게 앞에는 '빈 버거'라는 간판이 걸려 있고 유리로 된 창에는 '그동안의 버거는 잊어라'라고 쓴 포스터도 붙어 있었다.

하지만 아무리 봐도 뭔가 수상한 느낌을 지울 수 없었다. 그래서 선뜻 들어가지 못하고 버거 가게를 살피는데, 먼저 들어간 알로가 빼꼼히 문을 열며 한마디 했다.

"뭐 해, 주문했으니 빨리 들어와."

나는 여전히 망설여졌지만 하는 수 없이 가게 안으로 들어갔다.

테이블에는 알로가 주문한 버거 세트가 있었다. 배가 고팠던 나는 그걸 보자마자 한입 크게 베어 물었다. 어? 이 햄버거는 맛은 있지만 기존에 먹던 햄버거와는 달랐다. 그래서 자꾸 고개를 갸웃거렸다. 궁금증이

풀린 건, 가게에 들어오며 본 간판이 떠오르면서였다.

'빈 버거!' 맞다. 빈(bean)은 콩, 알로가 사 준 건 콩 버거였다. 나는 알로를 원망하듯 한마디 했다.

"야, 알로, 콩 버거인지 몰랐잖아. 맛은 있지만……. 난 콩 싫어한단 말이야."

나는 화를 내며 목소리를 높였다. 알로는 그런 나를 보고 아무 말도 하지 못했다. 순간 너무했나 싶어 알로의 표정을 살폈는데, 알로의 머리 위로 난 안테나에서 무지갯빛이 요란하게 반짝거렸다. 그러더니 곧바로 시끄러운 기계음이 들렸고, 덜컹 소리와 함께 바닥이 흔들리더니 사방은 순식간에 다른 곳으로 바뀌어 있었다.

"여기가 어디인 줄 알겠어?"

알로의 말에 나는 주변을 살폈다. 슬쩍 훑어보아도 이곳은 돼지우리였다. 좁은 우리 안에는 덩치 큰 돼지들이 먹이를 먹거나 움직일 공간도 없이 꿀꿀 소리만 내고 있었다. 마치 감옥에 갇힌 듯한 모습이었다.

"돼지고기를 찾는 사람들이 많아서 그래. 사람들은 좁은 우리 안에 돼지를 가두고 사료와 항생제를 먹여 살을 찌웠어."

그때, 어디선가 고릿한 냄새가 나기 시작했다.

'알로가 방귀를 뀐 건가?'

힐끗 쳐다봤지만, 로봇이 그럴 리는 없었다. 하지만 시간이 갈수록 더 진해지는 냄새. 나는 재빨리 코를 막았지만, 빈틈 사이로 퀴퀴한 냄새가 스며들어 왔다. 잠시 후 알로의 배에서 빨간 불빛이 깜박거리며 경고음까지 울리기 시작했다.

"오늘은 냄새가 더 심한데, 돼지들이 방금 식사를 마친 게 틀림없어."

"그러니깡 왜? 에이취, 나를 이런 곳에 데려왔엉? 나 집에 가공 싶단 말이양. 킁, 에이취."

평소에 비염이 있던 나는 재채기까지 났다.

"돼지들이 뀌는 방귀와 트림이 합쳐져 엄청난 양의 메탄가스를 발생시키는 거야. 냄새도 지독하지. 메탄가스 때문에 온실가스가 늘어나서 지구 온도가 올라가는 거고. 너한테도 책임이 있지!"

"뭐라공? 그게 왜 내 책임이라는 거양?"

"네가 먹는 햄버거를 생각해 봐. 그 속에 들어가는 돼지고기 패티를 만들기 위해 사람들은 이런 공장을 지은 거야."

"아니, 왜 나 때문이냥고? 나만 그런 햄버거를 먹는 게 아니잖앙."

나는 조금 찔렸지만 아닌 척 투덜거렸다. 그사이 알로는 나를 잡아끌었고, 우리는 서둘러 돼지우리를 빠져나왔다. 그제야 나는 참았던 숨을 몰아서 쉬었다. 그런데 그때 요란한 경적 소리와 함께 트럭 한 대가 이쪽으로 달려왔다. 알로는 재빨리 내 허리를 감싸더니 공중으로 붕 날았다가 야트막한 언덕에 내려앉았다.

"사료를 실어 나르는 트럭이야. 트럭이 멈춘 곳은 소들을 키우는 사육장인데, 오늘 소들에게 먹일 사료를 가지고 가는 거야."

"방금 전 돼지우리에서 빠져나왔는데, 이번에는 소라고?"

알로가 알려 준 사육장은 엄청난 규모라 한눈에 들어오지도 않았다. 소들은 그 안에서 연신 사료를 집어삼키고 있었는데, 그 반대편으로는 사료 트럭이 산처럼 쌓인 건초 더미와 옥수수 알갱이를 실어 나르느라 분주했다.

"미국에만 해도 이런 사육장이 70만 개가 넘어. 모두 사람들이 먹기 위해 키우는 거야. 가축을 키우려면 많은 양의 사료가 필요하니까 나무를 베서 사료 경작지로 만들지. 나무가 줄어드니 자연스럽게 온실가스는 늘어나고 기후도 변하지. 게다가 소는 엄청난 양의 메탄가스를 내뿜어."

"그러니까 우리가 고기를 많이 먹으면서 그만큼 많은 가축을 키워야 하고, 환경오염에 영향을 주었다는 거지? 그래서 오늘 콩 패티 버거를 사 준 거고?"

알로는 고개를 끄덕이며 엄지와 검지를 동그랗게 모아 맞다는 표시를 했다. 사람들이 먹고 있는 고기의 양이 얼마나 많은지 알 수 있을 것 같았다.

이런 생각을 하다니, 내 자신이 기특해지려 하는데 알로는 이제 가야 할 시간이라고 했다. 머리 위 안테나에 불빛이 반짝였다.

잠시 후, 주변이 조금씩 달라지더니 우리가 있던 빈 버거 가게로 돌아왔다. 이게 뭐지? 어리둥절해진 나는 한동안 두리번거리며 주변을 살폈다. 알로는 그런 나를 쳐다보며 말했다.

"오늘 어땠어? 이제 저녁 먹어야지, 맛있는 거 해 줄게. 집에 가자."

저 녀석 뭐지? 놀아 주기 기능이 있다더니 이런 거야? 아니면 잘못 만들어진 건가? 그럼 아빠한테 얘기해야 하는데, 갑자기 머릿속이 복잡해졌다.

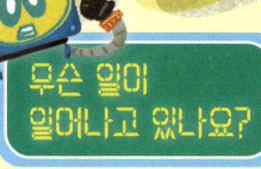

고기 소비가 많아질수록 지구는 아프다?

🍖 과도한 육식으로 숲이 줄고 있어

2019년 8월, 아마존 열대우림에 큰불이 났어. 불은 한 달 가까이 계속되었어. 소의 먹이가 되는 목초와 사료 생산을 하기 위해 나무를 태운 게 원인이었지. 아마존 열대우림이 있는 브라질은 세계 최대 소고기 수출국이야. 아마존의 70퍼센트는 목초지와 콩 재배를 위한 사료 경작지로 변해 갔어. 중요한 건, 가축을 키우기 위해 훼손되는 숲이 아마존 열대우림만은 아니라는 점이야. 1960년에서 2011년까지 50여 년 동안 전 세계 숲의 65퍼센트가 축산업을 위해 사료 생산 농지로 개간되었지.

숲의 나무를 베고 산림을 훼손한 대가는 기후변화로 나타나기 시작했어. 나무가 많아야 우리가 숨 쉴 때 필요한 산소가 많아지고, 지구의 온도가 올라가는 온난화를 막을 수 있는데, 중요한 역할을 하고 있던 숲이 줄어들면서 지구온난화가 빨라지고 기후변화로까지 이어졌지. 북극의 얼음이 녹고, 호주의 산불이 6개월간이나 이어졌던 것도 모두 기후변화의 영향 때문이야.

🏭 가축들의 배설물과 트림이 지구온난화의 주범, 온실가스를 만들어

스페인은 돼지고기를 많이 먹는 나라로 유명해. 최근 수출량까지 늘어나면서 2018년 처음으로 스페인 전체 인구수(약 4천 7백 30만 명)보다 돼지 수가 많아지기도 했어. 동시에 돼지 배설물에서 나오는 메탄가스가 환경오염 문제의 원인으로 꼽히게 되었지.

가축들이 똥을 싸고 방귀를 뀌고 트림을 할 때면 이산화탄소보다 강력한 메탄가스가 배출되는데, 메탄가스는 온실가스 배출의 주범이거든. 메탄가스가 온실가스를 배출하고 온실가스는 지구온난화에 영향을 주고, 지구온난화는 기후변화의 원인이 되는 거지.

가축들 중 가장 많은 메탄가스를 배출하는 건 소야. 소 한 마리가 1년간 배출하는 메탄가스 양은 약 200킬로그램 정도로, 자동차 1대가 1년간 배출하는 이산화탄소 양과 맞먹는다고 해.

이런 노력을 하고 있어요!

일주일에 한 번은 고기 NO, 방귀세도 있다고요?

🌱 **고기 소비를 줄이는 착한 운동, '고기 없는 월요일'**

　1960년에 결성되어 세계적으로 많은 인기를 누렸던 그룹, 비틀즈 멤버 폴 매카트니는 2009년에 열린 유엔기후변화회의에서 한 가지 제안을 해 많은 사람들의 호응을 얻었어.

　"고기 없는 월요일을 만듭시다. 일주일에 한 번은 고기를 먹지 않는 겁니다."

　일주일에 하루만 육식을 하지 않아도 가축에 의한 온실가스 배출량을 25분의 1로 줄일 수 있다는 이유였어.

　'고기 없는 월요일'은 2003년, 미국에 사는 시드러너라는 할아버지의 캠페인에서 시작되었어. 그는 심장병, 뇌졸중, 당뇨병, 비만 등을 예방하고 온실가스 배출을 줄이자며 고기 없는 월요일을 제안했던 거야.

　할아버지는 뉴욕 시청 앞에서 야구 모자를 눌러쓴 채 피켓을 들고 고기 소비 줄

22　아보카도가 사막을 만든다고?

이기 운동을 펼쳤지. 이후 유명한 사람들이 '고기 없는 월요일'의 서포터즈로 활동하면서 캠페인은 더욱 확산되었어. 2019년 가을부터 뉴욕의 모든 공립 학교에서는 '고기 없는 월요일'을 실천하고 있어. 우리도 한 달에 한 번, 일주일에 한 번, '나만의 고기 없는 날'을 만들어 보면 어떨까? 단백질은 꼭 필요한 영양소니까, 고기 대신 두부나 콩으로 대체하고 말이야.

방귀세, 메탄가스를 에너지로 활용하기도 해

고기 소비를 줄이자는 목소리가 높아지면서 콩 패티 버거처럼 다양한 고기 대체 식품들이 개발되고 있어. 맛도 식감도 고기와 비슷해서 이용하는 사람은 꾸준히 늘고 있지만, 이런 변화만으로는 고기 소비로 늘어나는 온실가스를 줄이는 데 한계가 있어.

그래서 몇몇 나라에서는 가축을 키우는 농가에 책임을 지우려는 의미로 세금을 부과하기도 해. 일명 '방귀세'라고 하는데 에스토니아, 아일랜드, 덴마크에서 이 제도를 시행하고 있어.

그런가 하면, 가축의 배설물에서 배출되는 메탄가스를 에너지로 활용하는 기술도 개발되어 활용하고 있어. 이런 기술을 '바이오가스생산'이라고 해. 가축 배설물의 처리 과정에서 생기는 메탄가스를 신재생에너지로 활용하고, 그 과정에서 다시 남은 내용물은 냄새 없는 퇴비로 만들어 사용하는 기술이야. 이 기술은 유럽에서 활용되기 시작했는데, 최근에는 우리나라에서도 활용하는 농가가 늘어나고 있어.

2
아보카도가 사막을 만들어

'쳇! 그깟 아보카도!'

생각할수록 기분이 나빴다. 최수현 때문에 선생님에게 혼이 났다. 눈을 내리깔며 잘난 척하는 꼴이란.

"넌 오늘도 몸에 안 좋은 초콜릿 먹냐? 그러니까 네가 안 크는 거야. 나처럼 몸에 좋고, 맛도 좋은 아보카도를 먹어야지. 하긴, 네가 아보카도 맛을 알겠냐."

기분 좋게 초콜릿을 먹고 있는데 최수현이 시비를 걸었다.

"나도 아보카도 먹거든! 그러는 넌, 뭐 얼마나 크냐? 배만 볼록 나온 게!"

홧김에 최수현의 멱살을 잡았다. 그 순간 선생님이 들어오셨고, 나만 혼이 났다.

나는 현관문을 열고 집으로 들어서며 신발과 가방을 신경질적으로 벗어 던졌다. 알로가 이런 나를 이상한 듯 쳐다봤다. 그러거나 말거나 나는 곧장 부엌으로 갔다.

냉장고 속을 아무리 뒤져도 아보카도가 없었다. 더운 날 다시 나가기는 싫고, 하는 수 없이 알로에게 부탁을 했다.

"알로, 전에 가 봤지? 아파트 단지 안에 있는 과일 가게 가서 아보카도 좀 사다 줄래?"

"아보카도? 근데 너 무슨 일 있어? 지금 네 심박수와 동공 반응이 이상해."

알로의 말에 순간 울컥해서 아까 다툰 이야기를 숨도 쉬지 않고 말했다. 마치 형한테 일러바치듯 시원하게 다 말하고 나니 속이 후련했다. 그러자 알로가 머리 위 안테나에서 붉은빛을 내뿜었다. 그러고는 차갑게 한마디를 했다.

"안 되겠군!"

"그렇지? 네가 봐도 안 되겠지? 걔는 왜 나한테 사사건건 시비인지 몰라!"

맞장구쳐 주는 알로의 말에 신이 나서 대답했다.

잠깐, 그런데 지금 알로가 내 편을 들어준 거야? 알로한테 그런 기능도 있었어? 몰랐던 알로의 기능에 기분이 좋아졌다.

그사이 알로는 집을 나섰다. 한참 만에 돌아온 알로의 손에는 아보카도가 아닌 수박이 들려 있었다.

"아이참! 수박이 아니라 아보카도라니까! 하! 이 깡통 로봇!"

"왜 꼭 아보카도여야 해? 수박은 수분도 많고 맛도 좋은 과일이야. 지금은 수박이 제철이고."

"그걸 누가 몰라? 난 아보카도가 먹고 싶은 거라고!"

나는 답답해서 소리쳤다. 그러자 알로가 머리 위 안테나에서 무지갯빛을 반짝이며 현관으로 향했다. 뭐야, 왜 갑자기 나가? 지금 화났다고 집 나가는 거야? 나는 급한 마음에 얼른 알로를 따라 나갔다.

어! 그런데 여긴 어디지? 분명 알로를 따라 현관문을 열고 나섰을 뿐인데, 햇빛이 뜨거웠고 눈앞에는 풀 한 포기 나지 않은 벌판이 있었다. 더운 날의 야구장처럼 흙먼지가 날릴 것 같은 그곳엔 쓰레기가 나뒹굴

고 있었다. 나는 주변을 빙 돌며 살펴보았다. 내 뒤로는 오래된 낡은 이층집이 있었다.

"알로! 또 무슨 짓을 한 거야? 도대체 여긴 어디야?"

알로가 대답하기도 전에 집 안에서 누군가의 목소리가 들렸다.

"다니엘! 다니엘! 어디 갔니? 다니엘!"

다니엘이 누굴까 싶어서 두리번거리는데, 알로의 목소리가 들렸다.

"이곳은 칠레 페토르카. 여기서는 네가 다니엘이야, 얼른 대답해."

내가 다니엘이라고? 그사이 집 안에서 또 부르는 소리가 들렸다.

"다니엘, 뭐 하니? 어서 물 받아 와야지. 더 꾸물대면 급수차 놓치겠다!"

"네."

얼결에 대답하고 집 안으로 들어서자 낯선 아주머니가 내 손에 커다란 물통을 쥐여 주었다.

나는 물통을 들고 다시 땡볕으로 나왔다.

"물을 받아 오라고? 설마."

허공에다 대고 혼잣말하는 내가 우스웠다. 이런 내 기분은 알지도 못

하고 알로가 말했다.

"저기 앞에 파란색 트럭 보여? 그쪽으로 가면 돼."

신의 계시도 아니고, 알로의 목소리를 듣고 움직이다니. 뭔가 뒤바뀐 것 같아 기분이 썩 좋지는 않았다. 하지만 여기서는 알로 말을 들을 수밖에 없었다.

저 멀리 바라보니 파란 트럭이 있었다. 그 트럭 주변으로 사람들이 길게 줄지어 서 있었다. 그곳을 향해 발을 뗐다.

땡볕에서 걸으니 숨도 차고 땀도 많이 났다. 물을 담아서 다시 들고 와야 한다니 눈앞이 깜깜했다. 에이, 설마 길어 오는 것까지 하려고. 그냥 줄 서서 기다리는 거겠지.

이런 생각을 하며 주변을 돌아보니 모든 것이 메말라 버린 모습이 마치 사막 같았다.

"칠레가 원래 사막이었나?"

"아니, 네가 걷고 있는 이 길은 20여 년 전엔 강이었어. 하지만 지금은 이렇게 풀 한 포기도 자랄 수 없게 말라 버렸지. 아보카도 농장을 만들기 위해 숲을 마구 없애서 사막처럼 변해 버린 거야."

"설마⋯⋯. 강이 어떻게 사막이 돼?"

"그래. 믿기 어렵지. 그런데 사실이야. 가뜩이나 기후변화로 물이 줄어든 상황에서, 물을 많이 먹는 아보카도를 온 마을에 심은 탓에 강이고 지하수고 몽땅 말라붙었지."

"아보카도가 물 먹는 하마도 아니고 물을 얼마나 먹는다고 그러는 거야?"

"아보카도 한 개를 키우기 위해 320리터의 물이 필요해."

강이 사막이 됐다는 것도 믿기지 않는데, 숫자가 나오니까 머릿속이 복잡해졌다. 나의 마음을 눈치챘는지 알로가 말을 이었다.

"못 알아들었구나? 다시 이야기해 줄게. 만약에 30평 정도의 아보카도 농장이 있다면, 하루에 10만 리터의 물이 필요해. 이건 어른 1천명이 하루 동안 쓸 수 있는 양이야. 엄청나지. 이젠 좀 알겠어?"

"아, 그렇구나! 근데 여기는 마실 물도 없다며 물 많이 먹는 아보카도를 어떻게 키워?"

"아보카도를 키우려고 물에 대한 권리를 사기도 하고, 불법으로 지하수를 빼돌려서 키우고 있어. 환경이나 사람 생각은 전혀 하지 않는 거야. 이곳 사람들은 더운 날씨에 마실 물도 없고, 씻지도 못하고, 음식도 빨래도 못 하니 얼마나 괴롭겠어."

한숨 섞인 말을 주고받으며 걷다 보니 어느새 파란색 급수 트럭에 도착했다.

잠깐 걷는데도 덥고 목이 말랐다. 길게 늘어선 줄을 보니 더 숨이 막혔다. 앞뒤로 더위와 피곤함에 찌든 듯한 사람들의 무표정한 모습에 덩달아 기운이 빠졌다. 다들 힘들어하는 게 분명했다.

아보카도고 뭐고, 그냥 먹지 말걸! 최수현한테도 이 사실을 알려 줘야겠다.

"나 이제 돌아가면 안 돼? 목도 마르고, 충분히 깨달은 것 같은데."

내 말을 들은 알로가 내 귀에 대고 속삭였다.

"꾀부리지 말고 어서 물 받아. 잘 해내면 내가 나중에 선물 줄게."

선물이라는 말에 또 열심히 물을 받았다. 물은 좀 이따 마시면 되지. 암!

물통을 들고 낑낑대며 걸었다. 팔을 바꿔 들어도, 두 손으로 마주 들어도 힘들기만 했다. 땀이 뻘뻘 흘렀다. 돌아가면 당장에 아동 노동 착취에 대해서 알아봐야겠다. 이 알로 녀석! 투덜대며 겨

우겨우 집 안 부엌에다 물을 들여놓고는 힘없이 현관문을 밀고 나왔다.

그런데 이게 웬일인가? 현관문 밖은 다시 우리 집 거실이었다. 반가움에 주변을 돌아보는데 알로가 내 코밑에 수박빙수를 들이밀었다.
"더운데 무거운 거 옮기느라 고생했어! 자, 먹어."
근사하게 담긴 빙수를 보니 침이 꿀꺽 넘어갔다. 눈꽃 얼음과 수박, 달콤한 연유의 만남!
빙수를 먹을 생각에 아보카도에 대한 일은 저 멀리 사라졌다. 아보카도 안 먹으면 어때. 이렇게 맛있는 수박빙수가 있는데! 숟가락을 들고 크게 한입 떠 넣었다. 아, 이 시원하고 달콤한 맛이란!
아니지. 내가 이렇게 기분 좋아할 게 아니지. 도대체 저 알로란 녀석의 정체가 뭐지? 조금 전에 난 어딜 다녀온 거야? 알로가 무슨 마술을 부린 거냐고!

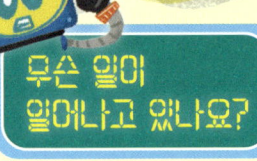

무슨 일이
일어나고 있나요?

아보카도에 발자국이 있다고?

🌱 물이 부족해서 사막화가 일어나

아보카도(Avocado)는 고대 아즈텍에서 '물을 많이 지니고 있다'라는 뜻을 가진 '아후아카틀(Ahuacatl)'에서 유래했다고 해. 이름에서도 알 수 있듯이 아보카도는 다른 과일에 비해 물이 많이 필요한 과일이야. 아보카도 한 개를 키우기 위해서는 320리터의 물이 필요한데, 바나나 한 개가 150리터, 오렌지가 22리터, 토마토가 5리터의 물로 키워지는 것을 생각하면 상당히 많은 양이야.

아보카도는 적정한 양의 농사가 이루어진다면 단점보다는 장점이 훨씬 많은 과일이지만, 한정된 지역에서 집중적으로 지나치게 많이 심다 보니 심각한 가뭄을 유발하고 있는 거야. 칠레 페토르카의 경우만 보아도 가뜩이나 물이 부족한 상황에서 불법으로 지하수를 끌어다가 쓰다 보니, 강과 하천은 물론 지하수까지 모두 말라서 사막처럼 메마른 땅으로 변한 거야.

🏭 쿵쿵! 탄소 발자국을 많이 남겨

중남미에서 전 세계로 수출되는 아보카도는 먼 운송 거리와 수확한 후에 익혀 먹는 후숙 과일의 특성 때문에 다른 과일에 비해 온실가스 배출량과 미세 먼지 발생량이 많아. 아시아나 유럽에서는 수천에서 수만 킬로미터를 이동시켜야 아보카도를 먹을 수 있어서 운송 과정에서 많은 이산화탄소와 질소산화물이 나와. 아보카도 2개가 약 846그램의 이산화탄소를 배출하는데 이는 바나나 2킬로그램의 탄소 발자국과 맞먹어. 수송 과정에서 발생하는 온실가스 양이 18개의 품목 중 7위를 기록했어. 또한, 후숙 과일은 수확한 후에 일정 기간 보관하며 숙성시키는 과정에서 이산화탄소가 많이 나와. 그러니 아보카도의 수요가 폭발적으로 증가한 요즘 더 큰 문제가 되는 거야.

이런 노력을 하고 있어요!

나와 가까운 곳에서 재배한 식품이 좋아

🌱 **부족한 물을 확보하기 위해 다양한 노력을 하고 있어**

• **지하수**: 지하수는 땅속 지층이나 암석 사이를 흐르는 물이야. 가장 많이 쓰이고 있지만 특정 지역에서 집중적으로 지하수를 퍼내면 땅이 꺼지거나, 물이 마르거나, 오염되어 지하수 자체를 망칠 수 있어. 그래서 잘 관리하고 적절하게 개발, 이용해야 해.

• **중수도**: 상수도가 마시는 물이고, 하수도가 버리는 물이라면 중수도는 아껴 쓰는 물을 말해. 한 번 사용한 물을 생활용수와 공업용수로 다시 쓸 수 있게 하는 거야. 공공 화장실, 소방 용수, 청소 용수, 분수와 연못 등의 공원 조성에 쓰이고 있어.

• **인공강우**: 혹시 오랜 가뭄으로 비가 오지 않을 때 인공강우로 비를 내리게 했다는 기사 본 적 있어? 구름에 인공적인 영향을 주어 인위적으로 비 씨앗을 뿌려서 특정 지역에 비를 내리게 하는 거야.

1946년에 개발되어 40여 개 나라에서 사

용되는 방법이야.

우리나라는 1995년부터 연구를 시작했어. 앞으로 이 방법으로 물을 확보하고, 우박을 억제하고, 산불을 예방하고, 미세 먼지를 줄이고자 노력하고 있어.

• **해수 담수화**: 해수 담수화는 바닷물에서 소금 성분을 제거해서 민물을 얻는 것을 말해. 민물은 약간의 소금기를 가지고 있어.

우리나라 담수 시설은 일반 정수 시설보다 비용이 많이 들어서 일반화되지는 못했지만, 40여 개의 담수 시설에서 공업용수를 만들어 내고 있어.

🌱 푸드 마일리지

푸드 마일리지는 농산물이 생산지에서 운송, 유통 단계를 거쳐 소비자의 식탁에 오르기까지의 과정을 나타내. 식품 수송량×이동 거리로 계산하지. 수많은 식품을 멀리까지 이동시키면 온실가스인 탄소가 많이 발생하고, 푸드 마일리지도 커져. 먼 곳에서 오는 식품은 배나 비행기를 타고 올 때 연료가 필요하니 온실가스가 많이 만들어지고, 이동 시간이 필요하니 신선도는 떨어지지. 그래서 이동 시간 동안 상하지 않게 하려고 방부 처리를 해. 이게 건강에 좋을 리 없지.

그래서 내가 사는 지역에서 나는 농축산물을 이용하는 게 좋아. 온실가스 배출도 적어지고, 신선한 농산물을 먹을 수 있고, 우리 지역 농민들의 경제에도 도움이 되니까. 작은 소비 하나라도 생각해 보고 산다면 큰 변화를 가져올 수 있을 거야.

우리나라도 물 부족 국가

우리나라는 삼면이 바다라 물이 부족하지 않을 것 같아. 어때, 알로?

나라 크기와 비교해 인구와 산업 시설이 많아. 그래서 물이 많이 필요하고 물을 많이 써.

UN에서도 2025년에는 우리나라가 물 기근 국가가 될 거라고 예상하고 있어.

물을 많이 써?

국가별 1인당 하루 물 사용량
단위: ℓ(리터)

- 독일 132
- 덴마크 246
- 프랑스 281
- 영국 323
- 일본 357
- 이탈리아 383
- 한국 395
- 호주 480

국민소득을 기준으로 사용량을 계산했을 때, 우리나라는 41.6리터, 영국은 22.2리터, 프랑스는 10.9리터, 독일은 4.8리터야.

엄청 많이 쓰는구나!

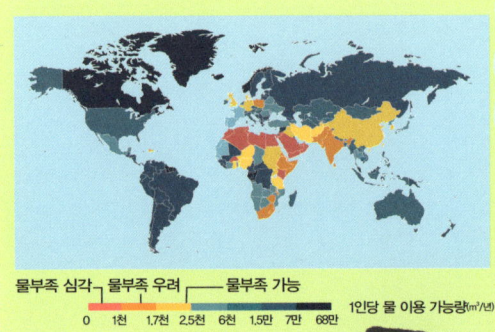
물부족 심각 / 물부족 우려 / 물부족 가능
1인당 물 이용 가능량(㎥/년)
0 1천 1,7천 2,5천 6천 1,5만 7만 68만

우리가 10퍼센트만 아껴 쓰면 일 년에 5억 8천만 톤의 물을 아낄 수 있어. 이 양이면 수돗물 생산 비용 2900억 원, 하수처리 비용 1208억 원을 아낄 수 있다고!

……

3
과자 때문에 산불을 내

　오늘은 학원이 휴강이라 집에 일찍 왔다. 모처럼 마음 편하게 게임을 하려는데 이상하게 인터넷이 먹통이다. 하는 수 없지. 그럼 간식이나 사다 먹을까? 머릿속으로 뭘 먹을까 생각하며 일어서는데, 알로가 나를 빤히 쳐다보며 말했다.

　"어디 가?"

　"과자 사 오려고. 저번에 새로 나온 초콜릿 먹었는데 정말 맛있더라! 너도 먹을 수 있으면 좋은데. 그리고 달콤한 과자도 사고. 아! 집 앞 빵집에서 크루아상이랑 도넛도 먹고 싶다!"

　먹을 생각에 들떠서 혼잣말하듯이 대답하는 나에게 알로가 말했다.

"그걸 다 먹으려고? 많이도 사는군. 어쩔 수 없지. 나도 같이 가."

"무겁지 않아. 나 혼자 자전거 타고 다녀올게. 넌 집에 있어. 학교 맞은편에 있는 가게로 갔다 올게."

하지만 알로는 들은 체도 하지 않고 나를 밀치듯이 지나가며 현관문 앞에 서 있었다.

"나 혼자 간식 먹는다고 화난 거야?"

"내가 왜? 그건 오해야. 나랑 같이 가서 사자고."

더 말해 봤자 듣지 않을 것 같아서 함께 집을 나섰다. 자전거 뒤에 알

로를 태우고 가니, 늘 가던 길인데도 색다른 기분이었다.

괜스레 기분이 좋아져서 콧노래를 흥얼거리며 페달을 밟았다. 그리고 가게 앞에서 멈추려는 순간, 갑자기 자전거가 빠르게 질주하기 시작했다. 너무 놀라 알로를 부르며 악을 썼다.

"알로오오오!"

브레이크도 잡히지 않았고, 너무 빠른 속도에 무서워서 눈을 감았다. 그러다가 어느 순간 자전거가 서서히 멈춰 섰다.

놀란 가슴으로 눈을 뜨고 주변을 바라보니 낯선 곳이었다.

"알로! 네가 한 거지? 자꾸 네 맘대로 이럴래? 쿨럭!"

나는 소리를 버럭 질렀다. 하지만 알로는 내가 그러거나 말거나 자전거에서 내려 주변을 빙그르르 한 바퀴 돌더니 말했다.

"이곳은 인도네시아야."

"그러니까, 내가 왜 인도네시아에 왔냐고! 쿨럭."

이렇게 알로 마음대로 하는 게 짜증 났다. 다른 때에는 알로의 안테나가 무지갯빛으로 변하는 게 보여서 마음의 준비를 할 수 있었는데, 오늘은 알로가 뒤에 타고 있어서 볼 수도 없었다.

더 따지고 싶었지만 계속 기침이 났다. 매캐한 냄새가 심해서 숨쉬기

도 어려웠다. 주변을 바라보니 온통 누런색이었다. 마치 공기 중에 흙탕물을 풀어 놓은 것 같았다. 황사가 심한 날이라고 해도 이렇게까지 심한 건 본 적이 없었다. 어디가 어딘지 분간하기도 어려웠다.

가끔 지나다니는 사람들은 이런 탁한 공기에 마스크도 없이 쿨럭이며 입을 막고 걸어가고 있었다.

어찌할 줄 모르는 나의 팔을 잡고 알로가 말했다.

"이곳은 인도네시아 산불 현장 근처의 마을이야. 연기와 불탄 냄새 때문에 사람들이 고통받고 있어. 이제 산불 현장으로 가 보자"

"산불 현장에? 위험한데 거기를 왜 가?"

나는 말은 그렇게 했지만, 행여라도 알로한테서 멀어질까 봐 걱정돼 부지런히 따라 걸었다.

"이곳 보르네오섬과 수마트라섬 곳곳에서 3천 개가 넘는 산불이 일어나 석 달 넘게 이어지고 있어. 이 불은 건조한 기후와 가뭄으로 인한 자연발화의 이유도 있지만, 팜유를 얻기 위해 사람들이 일부러 불을 낸 게 가장 큰 원인이야."

잔뜩 겁먹은 나에게 알로는 태평하게 설명했다.

"그러니까, 그게 나랑 무슨 상관이냐고. 산불 난 곳을 내가 왜 가야 하냐고!"

"너 고소한 거, 달콤한 거, 튀긴 거 좋아하지?"

"응! 당연하지!"

"그러니까! 네가 먹는 그 간식들에 온통 팜유가 들어가거든!"

"파뮤? 그게 뭔데?"

"파뮤가 아니라 팜유! 팜유는 기름야자 열매에서 짜낸 식물성 기름이야. 튀기거나, 고소하고 부드러운 맛을 내기 위해 여러 식품에 쓰이지. 네가 먹으려는 그 초콜릿에도 대부분 팜유가 들어가 있어. 그러면 훨씬 부드럽고 풍부한 맛을 낼 수 있거든."

뜻밖이었다. 초콜릿에 기름이 들어간다고?

"듣기만 해도 먹고 싶지? 팜유는 빵, 과자, 초콜릿, 아이스크림, 라면, 시리얼, 감자튀김, 커피크림 같은 식품에 들어가. 게다가 치약, 샴푸, 보디 워시, 립스틱, 선크림이나 친환경 연료인 바이오디젤에도 쓰여. 꼼꼼히 성분을 확인하지 않는 이상, 우리는 거의 매일 팜유를 먹고 쓰고 있는 거야."

내가 먹는 간식에 팜유가 들어가고, 그것 때문에 숲이 불탄 거라고?

긴가민가하며 알로를 계속 따라가는데 이번엔 온 세상이 빨간색이었

다. 마치 셀로판지를 대고 바라보는 것 같았다. 노랗고 빨갛고……. 세상이 왜 이래? 이게 현실이라니. 빨갛고 뿌연 하늘이 공포 영화를 보는 것 같았다.

계속 걸으니 이번엔 온통 회색이었다. 같은 나라 안에서 이럴 수도 있나 싶었다. 짙은 회색 하늘에선 하얀 눈이 흩날리고 있었다. 그런데 자세히 보니 눈이 아니었다.

"재 가루가 날리고 있는 거야."

알로의 말에 대답하고 싶었지만, 기침을 하도 많이 했더니 목이 찢어질 듯 아파서 말을 할 수가 없었다. 연기가 자욱해서 눈도 잘 안 떠졌다. 숨쉬기는 말할 것도 없이 힘들었다.

"컥컥, 근데 어쩜 이렇게 많은 연기가 나는 거야. 쿨럭쿨럭!"

"낙엽 같은 것이 완전히 썩지 않고 오랜 세월 쌓여 있는 곳을 이탄지라고 하는데, 이탄지는 불이 잘 붙고 일반 화재보다 3배나 많은 연기가 나. 이산화탄소도 훨씬 더 많이 나오지."

"아, 그런 땅도 있구나. 이탄지?"

"응, 보르네오섬과 수마트라섬은 전 세계에서 가장 넓은 이탄지를 가진 곳이야. 그런 이탄지에 불을 지르니, 땅속까지 불이 붙어 오랫동안

타면서 엄청난 온실가스와 미세 먼지가 나와. 그래서 이 지역 초미세 먼지는 최악이야. 사람들은 각종 호흡기 질환에 시달리고 있고."

"아니, 그걸 알 텐데 왜 불을 질러? 나무를 베어 내고 농장을 만들면 되잖아."

"넓은 지역을 농경지로 만들기 위해선 불을 지르는 게 가장 비용이 저렴하고 빠르거든. 설령 벌목한다 해도 환경에 도움이 되는 건 아니야. 그렇게 되면 지금보다 더 많은 제초제와 살충제 같은 화학물질을 써야 하거든."

알로가 말을 하는 중에도 멀지 않은 곳에서 불과 연기가 피어오르고 있었다. 눈앞에서는 코끼리, 코뿔소, 호랑이, 오랑우탄 같은 큰 동물부터 작은 동물까지 처절한 울음소리를 내며 정신없이 도망치고 있었다. 그 모습이 너무 끔찍했다. 사람보다 동물들이 훨씬 더 심하게 고통받고 있는 것 같았다.

그런 내 마음을 알아챈 걸까. 알로가 동물들을 바라보며 말했다.

"이렇게 불타는 숲에서 동물들은 타 죽거나, 연기에 질식해 죽고, 살아남아도 먹을 것이 없어서 결국 굶어 죽어. 게다가 개체 수가 적은 오랑우탄은 수년 안에 곧 멸종될 거야. 눈앞의 이익 때문에 소중한 것들을

영원히 잃게 되는 거지. 지금이라도 멈춰야 해."

알로가 하는 말들이 여러 가지여서 복잡했지만, 하나는 분명했다. 수많은 동물이 죽고, 몇 년 안에 오랑우탄이 멸종된다는 것! 아까 눈앞에서 본 오랑우탄이 지구상에서 영영 사라진다고 생각하니 뭔가 마음이 안 좋았다. 전에 박물관에 갔을 때 더는 매머드를 볼 수 없다는 것에 아쉬워했던 일이 생각났다. 이 동물들을 위해 무언가 해야 할 것 같았다. 지금도 숲속의 수많은 동물이 사라지고 있을지 모르니까.

"알로, 나 좀 빨리 집에 데려다줘!"

갑자기 크게 외친 내 소리에 놀란 듯이 알로가 나를 쳐다봤다.

"내가 오랑우탄을 지켜주고 싶어! 내가 뭘 하면 좋을까?"

비장한 표정으로 말하고 있는 내게 알로가 자전거를 쥐여 주었다.

"자, 힘껏 달려! 우리 돌아가자."

알로를 뒤에 태우고는 힘차게 페달을 밟았다. 가속도가 붙는가 싶더니 어느 순간 아까처럼 무서운 속도로 빨려 들어갔다.

멈춰 선 곳은 바로 우리 집 거실이었다.

아, 드디어 돌아왔다! 다시 돌아온 이 편안함이란!

혼자 우두커니 있자니 조금 전 인도네시아에서 본 처절한 동물들의 모습이 생생하게 떠올랐다. 미안하기도 하고 무섭기도 했다. 나부터 변해야겠다. 팜유에 대해 잘 알아보고 싶어졌다. 그래서 오랑우탄과 다른 동물 친구들이 앞으로도 계속 숲에서 살아갈 수 있었으면 좋겠다. 이런 생각을 하며 소파에서 살짝 잠이 들려는 찰나, 엄마한테서 전화가 왔다.

"마루야, 엄마 지금 퇴근하는데 뭐 먹고 싶은 거 있어? 과자 사 갈까?"

"아, 아니!"

"그럼, 빵? 초콜릿?"

"아니, 아니! 엄마 나 이제 그런 거 안 먹으려고! 그냥 과일 먹을래!"

다급히 전화를 끊는 내 모습을 방에서 나오던 알로가 쳐다보았다. 우리 둘은 서로 마주 보며 환한 웃음을 지었다.

달콤함 때문에 동식물이 죽어 가고 있어!

🌳 팜유란 무엇일까?

팜유는 전 세계적으로 가장 널리 사용되는 식물성 기름이야. 기름야자 열매에서 짜내지. 짤 수 있는 기름의 양도 콩, 유채씨, 해바라기씨보다 10배 정도 많고 가격도 저렴해.

기름야자 열매의 과육을 증기로 쪄서 살균하고 눌러서 기름을 짜고 거르면 팜유 원액이 돼. 이 원액을 알맞은 온도에서 정제하면 먹을 수 있는 팜유가 되는 거야.

또 씨앗에서는 팜핵유 원액이 나오는데 정제해서 비누, 화장품, 세제, 치약, 샴푸 등에 쓰지. 팜핵유 원액에 메탄올과 각종 첨가제를 넣어 가공하면 친환경 연료인 바이오디젤이 돼.

이렇게 기름을 다 짜내고 남은 찌꺼기나 껍질 등의 바이오매스(연료나 화학 원료로 사용되는 생물체)는 화력 발전용 연료, 비료 등으로 활용돼. 이 바이오매스는 나무보다 열효율이 높고 가격도 저렴해.

🌳 열대우림이 사라지고 있어

아시아 최대의 열대우림이 있는 보르네오섬과 수마트라섬에는 희귀한 동식물, 멸종 위기의 동식물이 있고, 원시림에 걸맞게 세계에서 가장 넓은 이탄지를 가지고 있는 곳이야.

이렇게 소중한 보르네오섬과 수마트라섬에서 전 세계 팜유 생산량의 85퍼센트를 생산하고 있어. 팜유를 생산할 수 있는 기름야자는 기온이 높고 축축한 지역에서 잘 자라는데 보르네오섬과 수마트라섬이 이에 딱 맞는 기후거든.

팜유는 장점이 많은 기름이지만, 한정된 지역에서 엄청난 양을 만들다 보니 문제가 생기는 거야. 팜유 생산용 경작지를 더 넓게 만들기 위해서 농민과 기업이 불을 질러 2019년 8월부터 석 달 동안 산불이 이어지기도 했어. 산불로 환경 파괴는 물론, 100만 명 가까운 사람들이 호흡기 질환을 앓게 되었고 희귀 동식물이 멸종 위기에 처했지.

환경을 생각해서 적당한 양을 소비하는 거, 잊지 말자!

이런 노력을 하고 있어요!

생산과 소비에서도 지속가능에 대해 생각해야 해!

🌱 지속가능한 팜유 생산을 위한 협의회

기업과 환경 단체 등이 모여 2003년에 설립한 단체야. 열대우림의 파괴와 인권 침해를 줄여, 지속가능한 팜유를 만들고 기존의 시장을 변화시키려는 거지.

팜 트레이스(Palm Trace)라는 추적시스템으로 팜유 생산 농장에 대한 심사부터 제조 공장, 유통업체 등의 회사 경영 시스템과 제품 등을 심사하고 인증하고 있어. 아직은 단체 내의 부족한 점들을 지적받고 있지만, 앞으로 보완해 나아가려고 하고 있어.

🌱 팜유의 다양한 표기 방식을 알아볼까?

제품에 '팜유'라고 쓰인 것도 많지만, 여러 이름으로 표기되는 경우도 많아. 최종 제품으로 가는 과정에서 여러 단계를 거치며 새로운 물질이 나오고 그 이름을 쓰는 경우도 많지. 이렇게 만들어지는 이름이 1천 가지도 넘어. 그러니 팜유가 들어간 제품을 다 알고 찾기는 어려워.

우선 몇 가지 자주 쓰이는 이름을 알아볼까?

팜유, 식물성 기름, 식물성 지방, 식물성 유지, 야자유, 경화유, 팜스테아린, 팜커널 오일, 팜올레인, 팜경화유, 팔미트산, 소듐팔메이트, 올레산 등이 있어.

🌱 팜유를 사용하지 않은 제품을 사용해 보자

건강에 대한 우려가 있기도 하지만, 팜유는 장점도 분명히 있어. 저렴한 가격에 맛과 질이 좋은 많은 양의 기름을 얻을 수 있으니까. 그래서 쓰임이 많은 거고. 지금 상황에선 팜유를 대체할 만한 기름이 없는 것도 사실이야. 대체된다 해도 또 다른 산림 파괴가 일어날 거야.

지금은 소비자가 소비를 줄이고, 기업들이 양심을 가지고 꾸준히 환경 파괴를 줄이고 보완하면서 생산하는 방법뿐이야. 우리도 조금 귀찮지만, 팜유가 들어가지 않은 제품을 알아보고 최대한 골라서 써야 해.

시중에서 판매되는 상품 중에도 팜유가 들어가지 않은 제품이 있어. 제품을 구매할 때 팜유가 들어가 있는지 확인해 보고, 액체 세제보다 고체 형태의 세제, 비누 등을 사용해 보자.

희귀 동식물 멸종 위기

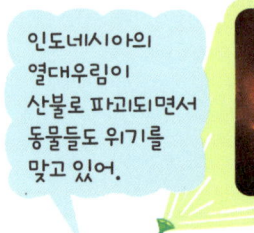

인도네시아의 열대우림이 산불로 파괴되면서 동물들도 위기를 맞고 있어.

불에 타서 그런가?

그런 것도 있지만 서식지가 파괴되면 동물들이 농가로 내려오잖아.

사람들이 도와주겠다!

아니, 그렇지 않아. 오랑우탄이나 침팬지, 수마트라호랑이 같은 멸종 위기종도 사람들이 마구 죽이지. 새끼 오랑우탄은 약재나 식용, 전리품으로 쓰이기도 해.

산 채로 잡기도 한다는 거네.

세계 자연기금(WWF)은 이 지역을 주요보전지역으로 지정해서 보호하고 있어. 희귀 멸종 동식물이 아직 많이 살고 있거든.

4
나무젓가락이 숲을 파괴한다고?

"내일은 주말이죠. 모두 건강하게 보내고 월요일에 만나요."

선생님의 말이 끝나자, 교실 안은 주말 계획을 주고받는 친구들 목소리로 웅성거렸다. 시온이는 놀이공원에 간다고 했고, 민채는 바다로 가족여행을 간다고 했다. 왠지 나 혼자만 외톨이가 된 것 같다. 물론 그렇다고 우울해할 내가 아니다. 엄마 아빠가 바쁘면 나 혼자라도 캠핑 기분을 내면 되니까.

나는 집에 오자마자 어릴 때 사용했던 인디언 텐트를 펼치고, 건전지를 끼워 둔 랜턴도 텐트 입구에 걸었다. 주방 서랍을 뒤져 컵라면과 과자도 보기 좋게 늘어놓고, 본격적인 캠핑놀이 전에 화장실도 다녀왔다.

라면을 먹으며 탐정 시리즈를 볼 생각으로 컵라면에 물도 부었다. 그런데 이상한 일이 일어났다. 일회용 나무젓가락이 쇠젓가락으로 바뀌어 있었다.

'분명히 컵라면 뚜껑 위에 나무젓가락을 올려 두고 갔는데.'

이상했지만, 쇠젓가락을 제자리에 가져다 두고 다시 일회용 나무젓가락을 새로 뜯어 먹을 준비를 했다. 라면이 익기를 기다리며 나무젓가락을 입에 물고 웹툰 시리즈도 검색해 봤다. 그런데 그사이, 텐트 안으로 쓰윽 손이 들어오더니 조금 전 제자리에 가져다 둔 쇠젓가락이 다시 라면 앞에 놓여졌다. 고철 덩어리 손, 알로였다.

"야, 라면은 나무젓가락으로 먹어야 제맛이야. 다시 줘!"

"일회용 나무젓가락은 좋지 않아. 입에 물고 있는 것도 빼는 게 좋겠어."

또 무슨 소리를 하나 싶었지만, 알로가 그러거나 말거나 나는 텐트 안으로 들어

가 라면 한 젓가락을 입으로 가져갔다. 곁눈질로 텐트 밖을 보니 거실 창을 열고 안테나 불빛을 반짝거리는 알로의 뒷모습이 보였다. 이 녀석이 또 무슨 일을 벌일지 수상했지만, 라면을 먹느라 크게 신경 쓰진 않았다. 다행히 라면을 다 먹는 동안에는 아무 일도 일어나지 않았다. 나는 마음이 놓여 옆에 있던 과자 봉지도 뜯었다.

그때, 어디선가 흙냄새가 콧속으로 들어왔다. 이상한 생각이 들어 텐트 밖으로 고개를 내밀었다.

거실은 온데간데없고, 온통 모래뿐인 사막이었다. 얼른 텐트 밖으로

나와 살펴보다가 혹시나 하는 생각에 뒤를 돌아보니, 이미 텐트도 사라진 뒤였다. 게다가 무슨 일인지 입이 껄끄럽고 기침이 나올 듯 목도 간질거렸다. 마침 두리번거리며 내 앞으로 걸어오는 알로가 보였다.

"알로, 나 목이 너무 아파. 도대체 여긴 또 어디야?"

"여기는 중국 북부와 몽골 사이에 있는 사막이야. 원래 이곳은 나무와 풀이 있던 숲이었는데, 나무들이 없어지면서 이렇게 사막이 되었어."

"이런 곳이 숲이었다고?"

여기에 나무가 있었다니 믿기지 않았다.

바람은 왜 이렇게 세게 부는지, 쉴 새 없이 부는

모래바람 때문에 눈을 뜨고 있는 것조차 힘들고 짜증 났다.

"알로, 여기가 숲이었다는 건 무슨 말이야? 콜록콜록. 바람이 켁, 이렇게 많이 부는 건 왜 그런 거고? 콜록!"

"이 지역은 사막과 숲이 섞여 있던 곳이야. 봄이면 모래바람이 부는 곳인데, 숲이 모래바람을 막아 주었거든. 그런데 숲이 사라지면서 황사가 심해졌어. 특히 모래바람이 심한 날에는 황사가 중국의 공장 지대 연기와 만나 우리나라로 날아와."

"그러면 숲이 없으면 안 되는 거잖아. 그런데 왜 없앴어?"

"나무로 만든 일회용품을 많이 사용하니까, 그것들을 만들기 위해서지. 일회용 나무젓가락이 대표적이야."

그 말을 들으니 알로가 쇠젓가락을 준 이유도, 날 여기까지 데려온 이유도 알 것 같았다.

"알겠다. 그러니까 내가 일회용 나무젓가락 좀 썼다고 여기까지 데려온 거네?"

"응. 그럼 나무를 베어서 또 어떤 것을 만들까?"

"음…… 어…… 어묵꼬치, 떡꼬치?"

"그래. 일회용 나무젓가락과 꼬치 외에도 화장지나 종이컵, 이쑤시개 같은 나무 제품을 만드는 데 사용해. 그리고 특히 중요한 건, 요즘 음식 포장이나 배달이 많아지면서 일회용 나무젓가락 사용이 더 많아졌다는 거야. 사용하는 사람들이 많으니 나무를 자꾸 베고 사막은 늘어나고 황사도 심해진 거야."

냉정하게 말하는 알로는 얄미웠지만, 라면 먹을 때마다 일회용 나무젓가락을 사용했으니 할 말이 없었다.

메캐한 냄새는 갈수록 더 심해지고, 바람은 눈을 뜰 수 없을 만큼 거세게 불어왔다.

"더 이상 이곳에 있기 어렵겠어. 숲을 찾자!"

알로는 빠르게 눈동자를 굴리며 주변을 살피더니 한쪽 방향으로 안테나 불빛을 깜박이며 고개를 움직였다.

"저쪽이다. 휘익!"

알로는 소리치며 재빨리 휘파람을 불었다. 그 소리에 사막 한가운데 있던 낙타 한 마리가 우리 앞으로 와 몸을 낮추었다.

"어서 타. 낙타가 시원한 곳으로 안내해 줄 거야."

서둘러 등에 올라타자, 낙타는 어디론가 빠르게 걸었다. 낙타를 타는 것이 신기했지만, 한시라도 빨리 사막을 벗어나고 싶었다. 하지만 한참을 이동해도 모래 가득한 사막은 끝이 보이지 않았다.

"알로, 얼마나 더 가야 해? 너무 덥고 힘들어."

"분명히 여기였는데, 지도에는 여기가 숲이라고 되어 있어."

그때였다.

'지이잉', '우우웅', 어디선가 기계음이 들리기 시작했고, 낙타는 기다렸다는 듯 그곳에 우리를 내려 주었다. 다행히 듬성듬성 풀이 보이는가 싶더니 그 너머로 나무들이 제법 울창한 숲이 나타났다. 숲이 이렇게 반가울 줄이야. 나는 이제 좀 시원해지겠구나 생각하며 숲을 향해 뛰었다.

그런데 숲 어느 곳에 이르렀을 때 어디선가 '툭' 소리가 났고, 반대편에서 '우지직' 하는 소리가 들렸다. 큰 물건이 부서지거나 떨어지는 소리가 연이어 들리기 시작했다. 이건 또 무슨 일인가 싶어 주변을 둘러보니 곳곳에 나무들이 쓰러져 있었고, 내 앞으로도 커다란 나무 한 그루가 떨어졌다.

"따라와. 어서."

멍하니 서 있던 나에게 알로가 소리쳤다. 너무 놀란 나는 알로를 따라 전속력으로 뛰었다. 그렇게 한참을 달린 후에야 우리는 멈추어 섰다. 아저씨 서너 명이 나무를 베고 있는 모습이 보였다.

"서두르게, 오늘 많이 베어야 주문받은 나무젓가락 수량을 맞출 수 있어."

"알았네, 그런데 이제 남아 있는 숲도 얼마 없어. 할 수 있을 때 최대한 많은 나무를 베어야겠어."

처음에는 무슨 말인지 몰랐지만, 아저씨들의 대화 내용을 듣다 보니 이곳도 곧 사막으로 변할 거라는 생각이 들었다. 마음이 급해진 나는 무엇이라도 해야 할 것 같아 아저씨들에게 다가가 소리쳤다.

"나무를 베지 마세요. 나무가 다시 자라려면 20년을 기다려야 해요."

아저씨들은 무슨 말인지 모르겠다는 듯 고개를 저으며 서로의 얼굴만 보았다.

"당장 나무 베기를 막는 것보다 일회용 나무젓가락 사용을 줄이는 게 더 중요해."

나를 보고 있던 알로가 한마디 툭 던졌다. 그리고 동시에 '띠띠띠띠' 익숙한 기계음이 들려왔다. 이상한 느낌에 옆을 보니 알로의 머리에서 안테나 불빛이 반짝이고 있었다. 그러더니 모래로 가득했던 사막은 눈 깜짝할 사이 우리 집으로 바뀌어 있었다.

"마루야, 엄마 왔다."

기계음 소리가 끝나자 엄마가 현관문을 열고 들어왔다. 엄마에게 오늘 있었던 일을 말하고 싶었지만, 말하면 엄마는 위험하다며 알로를 다시 아빠네 회사로 보낼지도 모른다.

알로와 정이라도 든 걸까? 알로가 없는 건 생각하기도 싫다. 나는 아무 일도 없었다는 듯 말했다.

"엄마, 오늘 한 가지 다짐할 일이 생겼어요. 이제 일회용 나무젓가락은 쓰지 않을 거예요."

"좋은 생각이긴 한데, 우리 마루가 어떻게 이런 기특한 생각을 했을까 궁금하네."

나는 대답 대신 알로를 보며 쓰윽 웃어 보였다. 물론, 알로는 무슨 일이 있었냐는 듯 저녁 준비를 하고 있었지만.

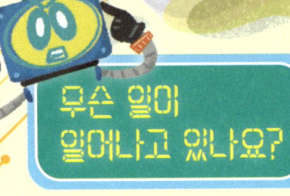

무슨 일이 일어나고 있나요?

일회용 나무젓가락으로 숲이 사라지고 있어

🌲 일회용 나무젓가락 사용이 많아질수록 숲이 사라져

젓가락을 사용하는 나라는 중국, 일본, 한국, 베트남, 몽골 등 대부분 아시아 국가들이야.

인구수로 따져도 전 세계의 30퍼센트나 되지. 그만큼 한 번 쓰고 버려지는 일회용 나무젓가락의 수도 많아. 중국인들이 일 년 동안 쓰는 일회용 나무젓가락의 수는 450억 개나 되고, 우리나라도 일 년에 일회용 나무젓가락을 25억 개나 사용하고 있어. 그 수가 어마어마하지?

일본과 우리나라에서 사용되는 일회용 나무젓가락의 대부분은 중국에서 수입하고 있어. 일회용 나무젓가락을 만드는 나무는 자작나무, 백양나무, 미루나무, 대나무 등이 있는데, 이 엄청난 수의 일회용 나무젓가락을 만들기 위해 매년 2,500그루의 나무가 베이고 있어.

최근 배달이나 음식 포장이 늘어나면서 일회용 나무젓가락 사용량이 크게 늘어났어. 일회용 나무젓가락 사용을 줄이지 않으면 나무가 많이 베여 숲이 사라지고, 모래로 가득한 사막은 늘어날 거야.

숲의 사막화는 황사의 원인이 되고 있어

우리나라에 봄이 찾아오면 어김없이 황사 소식이 함께 전해져. 황사는 중국 북부나 몽골의 사막 또는 황토 지대에서 일어난 모래 먼지를 말하는데, 황사에 휩싸이면 중국 하늘은 저녁처럼 어두워지고 공기 오염도 심해져.

황사는 서풍을 타고 한국이나 일본을 거쳐 멀리 북태평양까지 날아가는데, 우리나라는 중국과 인접해 있어서 황사의 영향을 많이 받아. 태양을 가리거나 작은 모래나 흙먼지가 내려앉아 농작물의 성장을 방해하고, 반도체 같은 정밀기계가 고장나게 하기도 해. 황사 먼지가 우리의 눈이나 호흡기에 들어가 눈병이나 호흡기병을 유발하기도 하고, 사막화로 지구 온도가 높아지면서 폭염의 원인이 되기도 해.

황사 바람은 공장 지대의 오염 물질과 함께 불어와

황사 바람은 중국 동쪽의 공장 지대를 거쳐 우리나라로 넘어와. 이때 공장 지대에서 내뿜는 카드뮴, 납, 니켈, 크롬 등의 중금속 성분이 황사에 섞이게 되는데, 이 경우 초미세 먼지와 미세 먼지 농도가 상승해 우리나라 대기오염의 원인이 되고 있어.

나무젓가락의 사용 줄이고 나무 심고, 재활용까지

🌱 30년 동안 1천만 그루, 사막에 나무를 심었어

"네이멍구의 모래가 한국 사람들에게 피해를 많이 줘서 죄송합니다. 이 모래들을 그대로 두면 사람들이 행복하게 살 수 없을 거라고 느꼈어요."

우리나라의 지역 축제를 찾은 중국인 부부 인위쩐과 바이완샹이 했던 말이야. 부부가 살고 있는 중국의 네이멍구 마오우쑤 사막은 황사의 발원지이자 모래언덕으로 유명해. 부부는 본인들의 삶과 앞으로 태어날 아이가 걱정되었어. 해결책이 없을까 고민하던 부부는 사막에 나무를 심기 시작했어.

노동으로 번 돈을 풀씨와 묘목을 사는 데 썼고, 먼 거리에 있는 묘목장에 가기 위해 노새의 등에 풀씨와 묘목을 싣고 다녔어. 물을 줘야 할 땅이 수십 킬로미터에 이르렀기 때문에 밤에 물을 주다 피곤한 날은 사막에서 잠든 적도 많았지. 모래바람은 또 얼마나 거센지, 그럴 때는 앞을 보는 것도 어려워서 노새의 꼬리를 잡고 질질 끌려가다시피 집으로 돌아온 적도 많았어.

하지만 부부는 포기하지 않았어. 그렇게 해서 부부가 나무를 심은 세월은 30년, 사막에 심은 나무만 1천만 그루가 넘어. 사막을 숲으로 만든 면적은 여의도 면적의 10배나 되지.

🌱 일회용 나무젓가락으로 가구를 만들어

일회용 나무젓가락은 썩지 않도록 약품 처리를 하기 때문에 분해되는 데만 20년의 세월이 걸려. 종이처럼 재생산하는 게 어려운 거지. 나무를 베어 만든 일회용 나무젓가락은 한 번 쓰고 모두 쓰레기가 되는 거야.

'한 번 쓰고 버려지는 일회용 나무젓가락을 재활용하는 방법은 없을까?' 이런 생각에서 출발해 실제로 일회용 나무젓가락을 재활용하는 업체가 있어. 캐나다에 있는 가구업체 찹밸류(Chopvalue)는 버려진 일회용 나무젓가락을 모아 깨끗하게 세척한 후 물기를 말리고 압축시켜 책상이나 계단, 선반 등의 가구를 만들었어. 2016년 생긴 이 회사는 5년 동안 3천 2백만 개나 되는 일회용 나무젓가락을 재활용했어.

🌱 일회용 나무젓가락 사용을 줄여

일회용 나무젓가락 사용을 줄이자는 운동도 늘어나고 있어. 음식을 배달시키고 포장할 때, 꼭 필요한 경우가 아니라면 일회용 나무젓가락 받기를 거절하는 거야. 가정에서는 평소 사용하는 쇠젓가락을 쓰고, 불편할 수 있지만 소풍을 가거나 여행을 떠날 때도 가능한 휴대용 젓가락을 가지고 다니는 거지.

5
플라스틱 일회용품은 이제 그만

 체육 시간에 반 대항 피구 시합이 있었다. 얼마나 열심히 뛰었던지, 너무 더워서 수업이 끝나자마자 학교 앞 가게에서 자두 맛 슬러시를 샀다. 아, 입속에 넣자마자 퍼지는 시원하고 상큼한 맛은 언제나 최고였다. 컵에 꽂힌 빨대로 슬러시 몇 모금을 마시니 더위도 사라지고 두 눈이 번쩍 뜨이는 것 같았다.

 그런데 그때, 더운 날씨에도 겨울 외투와 목도리를 걸친, 어른인지 아이인지 알 수 없는 형체가 내 앞으로 걸어오고 있었다. 나는 3초도 지나지 않아 겨울 외투의 주인공이 누구인지 알아차릴 수 있었다. 아빠 옷을 입은 알로였다. 당황한 나는 슬러시 컵을 재빨리 쓰레기통에 버리고 알로에게 달려갔다.

"야, 너 왜 왔어? 옷은 또 이게 뭐야?"

"너 더울까 봐 아이스크림 사 주려고 나왔어. 옷은 네가 햄버거 사러 갈 때 입혀 준 거잖아."

나는 친구들이 볼까 창피했지만 아이스크림을 사 주려고 했다니 너그럽게 이해하기로 했다. 그런데 알로가 또 잔소리를 늘어놓기 시작했다.

"그런데, 너 방금 쓰레기 어떻게 버렸어?"

"쓰레기? 아, 슬러시 먹은 컵 말이지? 쓰레기통에 버렸는데, 왜? 잘 버렸으니까 걱정하지 마."

"아니, 물에 씻어 버리지 않았잖아."

"그게 뭐 어때서? 꼭 씻어 버려야 해? 쓰레기통에 잘 버렸으면 그만이지."

"안 되겠다. 오늘은 집에 가서 게임을 좀 해 봐야겠어."

저 녀석이 이제 사람 기분도 맞출 줄 아나? 학교 끝나고 게임 한판 하는 게 얼마나 즐거운데. 나는 못 이기는 척 외투 차림의 알로와 기분 좋게 집으로 갔다.

집에 도착한 알로는 쉴 틈도 없이 텔레비전을 켜고 게임 방식을 설명

하기 시작했다.

"게임은 바다에서 시작될 거야. 바다 동물들을 쓰레기의 위험에서 구하는 게 중요한데 네가 구한 동물 수만큼 점수가 올라가고, 점수를 다 채우면 다음 단계로 넘어갈 거야."

알로의 말이 끝나자 게임 스틱 위로 불빛이 반짝이더니 시작 버튼이 빠르게 깜박였다. 5초, 3초, 1초. 시작 버튼의 불빛이 반짝이는 간격도 빨라졌다. 나는 곧바로 시작 버튼을 눌렀다.

알로의 말대로 게임은 바다에서 시작되었다. 파도가 철썩이는 바닷가 구석으로 새끼 거북 몇 마리가 버둥거리며 팔다리를 움직이는 모습이 보였다. 게임 스틱을 움직여 화면을 확대하니 새끼 거북 한 마리의 코에는 플라스틱 빨대가 끼어 있고, 그 옆의 새끼 거북 한 마리는 일회용 컵 뚜껑에 몸이 끼어 버둥거리고 있었다. 나는 스틱의 방향을 이리저리 바꾸며 빨대를 제거하고, 뚜껑에서 새끼 거북을 꺼냈다.

새끼 거북 2마리를 살렸습니다. +3점 획득.

아, 이런 게임이구나 하고 생각하는 사이 알로의 말대로 게임 화면에는 쓰레기 위험에서 구한 동물의 수가 표시되었다. 그리고 화면은 바다의 다른 곳을 비추었다.

"끽, 끽, 끽!"

화면에는 이름 모를 새끼 새들이 먹이를 받아먹으려 입을 벌리고 있는 장면이 보였다.

"알바트로스라는 새야, 이번에도 잘 막아 줘."

"야, 알로, 너 어디 있는 거야?"

주변을 두리번거리는데, 알로는 보이지 않고 서두르라며 재촉하는 목소리만 들렸다.

"서두르지 않으면 어미 새가 새끼 새에게 쓰레기를 먹일 거야. 집중해. 집중!"

어미 새가 새끼 새에게 쓰레기를 먹인다고? 말도 안 된다고 생각했는데, 화면 반대편에서 날아오는 어미 새의 부리에는 정말 플라스틱 쓰레기들이 잔뜩 물려 있었다. 지체할 시간이 없었다. 덥지도 않은데 손에 땀이 났다. 순간 손가락이 미끄러졌지만, 빠르게 스틱을 움직여 어미 새의 입에 물려 있던 플라스틱 조각도 무사히 제거했다.

알바트로스 새끼들을 모두 살렸습니다. +5점 획득.

화면에는 다시 반가운 문구가 나타났다. 이어서 알 수 없는 메시지와 함께 시작 버튼이 다시 요란하게 깜박였다.

다음은 바다로 직접 나갈 차례입니다.
다음 단계로 가시겠습니까?

생각해 보니 요란하게 반짝이던 불빛은 알로의 머리에 있던 불빛과 같은 색이었다. 곧바로 시작 버튼을 눌렀다. 순간 게임 스틱 줄이 팽팽해지더니 누군가 엄청난 힘으로 잡아끄는 것이 느껴졌다.

어딘가로 떨어지긴 했는데, 파도 소리가 들리는 걸 보니 어느 바닷가 모래사장인 것 같았다.

"이곳까지 오느라 고생했어."

감고 있던 눈을 뜨니 알로가 내려다보고 있었다.

"휴! 알로, 어디서 부를 거라고 미리 얘기 좀 해 주면 안 되냐?"

바닷가에 앉아 몸에 묻은 모래를 털고 있는데, 알로는 또 알 수 없는 말을 늘어놓았다.

"아까의 상황은 게임이 아니라 실제 상황이었어."

"뭐라고? 실제 상황이었다고? 아닌데, 분명히 게임이었는데……."

"내가 말하는 거 못 들었어? 난 너를 보고 있었어. 네가 위험에 처한 동물들을 구한 거야."

잠시 놀라기는 했지만, 내가 동물을 구했다니 해양 구조대라도 된 듯 뿌듯했다.

"어서 일어나. 갈 곳이 있어."

또 어디를 가려는지 알로가 앞장서 걸었다. 알로를 뒤따라가는데, 몇 걸음 지나지 않아 낯익은 모습이 눈에 띄었다. 자세히 보니 게임 속에서 만난 새끼 거북들이었다. 반가운 마음에 새끼 거북들을 따라가자 바닷가 곳곳에 쌓인 엄청난 양의 쓰레기들이 보였다.

"알로, 이게 다 뭐야?"

"보이는 그대로야. 바다에 버려진 쓰레기, 도시에서 바람을 타고 강물을 따라 흘러 들어온 쓰레기, 고기잡이배에서 버려진 쓰레기들이 뒤섞여서 이렇게 쌓였어."

그때 새 한 마리가 쓰레기 더미 위로 날아와 앉았다.

"어? 게임에서 봤던 알바트로스, 맞지? 먹이인 줄 착각하고 왔나?"

"맞아, 동물들은 쓰레기를 먹이로 착각해서 계속 먹는 거야. 바다 밑

으로 들어간 플라스틱 쓰레기는 잘게 부서져서 미세 플라스틱이 되기도 해. 그러면 물고기가 미세 플라스틱을 먹게 되고, 그 물고기가 우리의 식탁에 오를 수도 있지."

그 말에 마치 내가 플라스틱을 먹은 것 같아서 배 속이 울렁거렸다.

"근데 플라스틱 쓰레기는 음식이 아니잖아. 맛이 없을 텐데, 동물들은 왜 먹는 거야?"

"일회용 컵과 빨대에 묻거나 남아 있는 음식물 때문이야. 동물들은 음식물의 냄새를 먹이로 착각하거나, 비닐봉지를 해파리로 착각해서 먹기도 해. 그럼 실제 음식이 들어갈 자리가 없어서 죽게……."

알로의 말이 끝나기도 전인데 무슨 말인지 알 수 있을 것 같았다.

"그런 줄 몰랐어. 근데 나만 일회용품 함부로 쓴 건 아니고 친구들도 그래. 하지만 이제는 안 그럴 거야. 친구들한테도 알려 줄래."

그동안 했던 행동들이 생각나서 바다 동물들에게 미안했다. 나도 모르게 퉁명스러운 대답을 했지만, 앞으로는 절대 그러지 말아야지.

그런데 그때, 커다란 파도가 밀려오더니 쓰레기들이 바다로 쓸려 들어가기 시작했다. 그것을 보자마자 물고기들이 플라스틱 쓰레기를 먹을지 모르고, 해변에 있는 새끼 거북과 알바트로스 같은 새들도 해를 입게 될지 모른다는 생각이 들었다. 급한 마음에 손으로 쓰레기를 줍고 있는데, 알로는 계획이라도 한 듯 커다란 봉지와 집게를 나에게 내밀었다.

"이런 건 또 언제 준비했어? 빨리 줍자."

나는 재빨리 봉투를 건네받아 쓰레기를 담기 시작했다. 알로도 함께 주웠는데, 얼마나 열심히 주웠는지 봉투는 순식간에 가득 찼다. 그때 알로의 머리 위로 불빛이 반짝였다.

잠시 후 나는 집에 도착했다. 나는 쉴 틈도 없이 부엌으로 가 찬장 안에 있던 엄마 아빠의 텀블러를 찾았다.

"일회용 컵 사용부터 줄여야겠어. 이렇게 꺼내 놓으면 엄마 아빠도 잊지 않고 사용하실 거야. 비닐 사용도 줄이고."

"플라스틱 일회용품도 가능하면 씻어서 버려야지."

언제 옆으로 왔는지 잔소리인 듯 아닌 듯 말하는 알로의 말도 기분 나쁘지 않았다. 오히려 알로와 한 팀이 되어 가는 것 같아 기분이 좋았다.

무슨 일이 일어나고 있나요?

쓰레기와 미세 플라스틱, 바다가 위험해!

🗑 물고기보다 쓰레기가 많아질 수 있다고?

1997년 미국 로스앤젤레스에서 하와이까지 횡단하는 요트 대회가 열렸어. 이 대회에 참가한 찰스 무어는 요트가 미국의 하와이와 캘리포니아 사이 북태평양에 닿을 무렵, 신기한 모습을 보았어. 각양각색 플라스틱 쓰레기와 오물들이 가득한 쓰레기섬을 발견했던 거야. 북태평양은 4개의 해류가 모여 강력한 소용돌이를 이루거든. 바람과 해류를 따라 모인 쓰레기들이 이 소용돌이에 모이면서 쓰레기섬이 되었던 거야. 찰스 무어는 이 쓰레기섬에 GPGP(Great Pacific Garbage Patch)라는 이름을 붙였고, 유엔에 국가로 인정해 줄 것을 요구했어. 국가로 승인되고 유엔 회원국이 되면 지구 환경을 보호하기 위해 주변 국가와 협력할 수 있기 때문이야.

국가로 인정받지는 못했지만, 사람들의 노력은 계속되었어. 하지만 이런 노력에도 GPGP에 모이는 쓰레기들은 점점 많아졌고, GPGP 외에 북대서양과 인도양, 남태평양 등의 바다에도 쓰레기섬이 생겼어. 예상되는 바다 밑 쓰레기의 양은 약 1,500억 킬로그램 정도로 어마어마해.

우리 눈에 보이지 않는 미세 플라스틱도 문제야

바다 쓰레기의 80퍼센트 이상은 플라스틱 쓰레기야. 그중 바다 밑으로 가라앉은 플라스틱 쓰레기는 파도와 햇빛, 마찰에 의해 잘게 부서지고 우리 눈에 보이지 않는 미세 플라스틱으로 변해. 미세 플라스틱은 바다에 떠다니다 물고기나 낙지, 문어 같은 바다 생물에게 먹히고 그 물고기나 바다 동물들이 우리의 식탁에 오르고 있어.

최근에는 공기 중에 떠다니는 미세 플라스틱 연구 결과도 발표되었어. 대부분은 자동차가 달릴 때 도로와 타이어에 마찰이 생기면서 발생하는데, 대기를 떠다니던 미세 플라스틱은 농작물의 뿌리에 흡수되어 성장을 방해하거나 영양가를 낮춘다고 해.

이런 노력을 하고 있어요!

거대한 바다 청소기, 플라스틱 줄이기 정책

🌱 **바다의 플라스틱을 청소하는 거대한 청소기가 있어**

2011년, 네덜란드 소년 보얀 슬랫은 바다에 가득한 쓰레기를 보고 고민을 시작했어. 그리고 2년 뒤 보얀 슬랫은 비영리단체인 오션 클린업(The Ocean Cleanup)을 설립했지.

'플라스틱을 가져올 수 있다면, 쓰레기를 쫓아가지 않아도 되겠지?' 오션클린업은 이런 생각으로 바다 쓰레기를 청소할 수 있는 청소기를 개발했어. 이 청소기의 이름은 '위대한 팩맨'이야.

북태평양에는 강력한 소용돌이가 치기 때문에 쓰레기가 모인다고 했지? 그 특징에서 아이디어를 얻은 오션 클린업은 해류의 길목에 긴 튜브 장벽을 설치하고, 두 척의 배가 튜브 장벽을 끌고 움직여 쓰레기를 모은 뒤 거둬들이도록 했어. 이 방법은 기존의 쓰레기 수거 방식보다 7천 9백 배나 빠르게 처리할 수 있고, 비용도 30분의 1로 줄일 수 있다고 해.

🌱 **많은 나라에서 플라스틱 줄이기 정책을 시행하고 있어**

독일은 유럽의 다른 나라에 비해 플라스틱 폐기물 사용이 많지만, 재활용이 잘되는 것으로도 유명해. 대표적인 정책으로는 일회용 플라스틱병을 구입할 때마다 보증금을 받고 빈 병을 회수하면 돌려주는 '판트 제도(빈 병 보증금 환수 제도)'야.

　케냐는 세계에서 가장 강력한 비닐봉지 규제책을 시행하고 있어. 2017년 8월부터 비닐봉지를 생산하거나 판매 또는 휴대하는 것만으로도 4년 징역에 처하거나 우리 돈으로 4천만 원의 벌금을 내도록 하고 있어.

　중국도 비닐봉지와 플라스틱 식기의 생산과 판매를 금지하는 강력한 플라스틱 제재령을 시행 중이야. 우리나라도 일회용 플라스틱 사용을 줄이기를 위해 규제를 시행 중인데, 2040년까지 일회용 플라스틱 사용을 70퍼센트까지 낮추겠다는 계획을 가지고 있어.

6
진정한 패셔니스타가 될 거야

"그 옷이 그렇게 멋있나······."

낮에 준수가 입은 티셔츠를 보더니 민아가 또 멋있다고 칭찬했다. 민아는 걸핏하면 준수가 옷을 멋있게 잘 입는다고 감탄했는데, 오늘도 그랬다. 그 말을 할 때 민아의 눈빛은 나를 볼 때와는 다른 눈빛이 된다.

나도 엄마한테 준수가 입은 옷을 사 달라고 할까? 안 사 주실 텐데. 뭐라고 하지. 고민하고 있는데 엄마한테서 전화가 왔다.

"마루야, 학교 잘 다녀왔어? 피자 데워 먹고 학원 늦지 않게 가."

"저기, 엄마. 나 옷 좀 사 주면 안 돼? 나도 요즘 유행하는 옷으로 입고 싶어. 내가 사고 싶은 브랜드 옷은 아주 비싸지도 않대. 엉?"

"무슨 옷? 옷 많은데. 요즘 부쩍 옷에 신경 쓰는 것 같네. 일단 그 인터넷 쇼핑몰에 들어가서 장바구니에 담아 놔. 엄마가 이따 볼게. 사 준다는 건 아니야, 본다는 거지."

장바구니에 담아 놓으라는 게 어디야! 야호! 당장 들어가 봐야겠다.

나는 얼른 컴퓨터를 켜고 쇼핑몰에 접속해서 옷을 골랐다. 한참 뒤 문득 뒤돌아보니 알로가 나를 쳐다보고 있었다.

"아이, 깜짝이야!"

"네가 지금 사려는 옷을 보니 패스트 패션인 것 같은데?"

"응? 패스트 뭐? 그런 건 모르겠고, 이게 지금 유행하는 옷이야. 이 정도는 입어 줘야 멋쟁이지."

"무조건 유행을 따른다고 멋있는 건 아니야."

"또 잔소리야? 아무튼, 이건 말리지 마. 이 옷 멋있지 않냐? 그런데 가격도 좋다! 빨리 고르게 저리 가."

나는 알로를 밀치며 말했다. 그런데 그때 컴퓨터 화면이 갑자기 '팟' 소리를 내면서 꺼졌다.

"악! 이게 뭐야? 갑자기 왜 이래?"

나는 키보드를 두드리고 모니터를 흔들었다. 얼른 재부팅 버튼을 눌렀다. 그러나 컴퓨터는 켜지지 않았다. 의심의 눈초리로 알로를 봤다.

"혹시 네가 한 거……, 우어어어어!"

갑자기 의자가 팽그르르 돌아갔다. 그러더니 멈추지를 않았다. 의자가 너무 빨리 돌아서 무서웠다. 얼른 눈을 감고 소리쳤다.

"으아아악! 알로!"

다시 눈을 떴을 때, 순식간에 눈앞은 낯선 곳으로 변해 있었다.

알로는 오토바이 같은 것의 운전석에 앉아 있었고, 난 그 뒤에 붙은 의자에 앉아 있었다.

"인도의 교통수단인 릭샤야. 마루 더울까 봐 타고 가려고 해. 어때?"

하아! 엉뚱한 곳에 데려다 놓고도 아무 일 없었다는

듯이 말하는 저놈의 깡통 로봇! 게다가 릭샤라고 했나? 오토바이 뒤에 의자를 붙인 모양이라 승차감이 편하진 않았다. 문도 없어서 의자에 앉아 있는 것이 불안했다. 속도는 빠른데 덜컹거릴 때마다 굴러떨어질 것 같아 앞에 있는 손잡이를 꽉 잡았다. 내가 떨어질까 봐 무서워하거나 말거나 알로가 말을 걸었다.

"저기 빼곡하게 보이는 커다란 나무가 뭔지 알아?"

어디서 본 것도 같은데, 딱히 떠오르지 않았다.

"저게 바로 바나나 나무야. 처음 봤지? 우리가 지금 온 곳은 인도이고. 특히 여기 타밀나두주는 옛날부터 이렇게 바나나, 코코넛, 쌀 같은 것을 농사지으며 살았어. 요즘은 그럴 수 없지만. 그대로 두면 미래에는 더 나쁘게 변할 거야. 어때, 뒤에 앉아서 보니 편하지?"

컥, 편하긴. 흙먼지가 계속 얼굴로 들어와서 눈 뜨기도 숨쉬기도 어려운데. 멀미가 나는 것 같아서 짜증스러운 목소리로 따져 물었다.

"이번엔 또 뭔데? 왜 여기까지 온 거야? 옷 때문이야? 말했잖아. 그 옷은 유행하는 옷이지만, 가격이 저렴해서 많은 사람이 입는 거라고. 그런데 뭐가 잘못되었는데?"

나는 또박또박 따지듯이 물었다. 하지만 알로는 차분하게 대답했다.

"그런 옷을 패스트 패션이라고 해. 유행에 따라 빨리, 싸게 만들어서 파는 옷들이지. 그런 옷이 얼마나 많은 사람의 생명을 위협하는지 알아? 너와 비슷한 또래의 아이들까지도 희생된단 말이야."

헉! 갑자기 이렇게 무섭게 말하면 어떻게 해? 지난번에는 나 때문에 돼지가 고통스럽게 죽었다더니. 그 바람에 나는 더 대꾸하지 못했다.

알로는 이번에도 그런 나의 마음은 알 바 아니라는 듯이 말했다.

"타밀나두주에 티루푸르라는 곳에는 의류 공장들이 많이 모여 있어. 그곳에서 전 세계 패스트 패션 브랜드들의 옷이 많이 생산되고 있지. 인도에서 만들어지는 옷 대부분을 이 지역에서 만들고 있어. 요즘은 티루푸르의 오염이 심해서 다른 지역으로 많이 옮겨 갔지만, 여전히 오염은 심각해. 이제 그 티루푸르와 노이얄강에 가 보자."

알로의 말을 듣는 둥 마는 둥 하고 있는데, 주변 풍경이 아까와는 다르게 풀 몇 포기만 가끔 보였다. 그리고 이상한 냄새도 났다. 달릴수록 역겨운 냄새가 심해졌다. 결국 '웩!' 하고 헛구역질이 났다.

그때 알로가 앞쪽을 가리키며 말했다.

"저 앞이 노이얄강이야. 원래는 맑은 물이었는데, 요즘은 저렇게 짙은 녹조에 악취까지 심해. 전에 이 강을 막은 오라투팔라얌 댐의 물을 모두 뺀 적이 있는데, 강바닥에서 죽은 물고기 400톤이 나왔어. 의류 공장 폐수 때문에 생물이 살 수 없는 강이 돼 버린 거야."

이야기가 끝났을 때쯤 알로가 어딘가에 멈춰 섰다.

"여기가 티루푸르의 한 의류 공장 근처야. 이곳을 좀 보렴."

알로가 가리키는 하천은 온통 핏빛이었다. 가뜩이나 울렁거리는데 핏빛까지 보니 정말 토할 것 같았다.

"의류 공장에서 염색한 물을 그냥 하천에 버렸어. 물 소비가 엄청난데다 그 폐수를 마구 흘려보내서 지하수, 하천, 강 할 것 없이 다 오염됐어. 주변의 땅도 오염됐지. 결국 농사는커녕 풀 한 포기 자라지 못할 만큼 죽은 땅이 됐고. 사람들은 농사를 지을 수 없으니까 생계 수단도 잃고, 병들거나 죽어 가고 있어."

알로가 하고 싶은 말이 많았나 보다. 쉬지도 않고 다다다다 말하고 있었다. 나는 속이 점점 안 좋아졌다.

"이제 그만하자. 제발! 진짜 토할 것 같단 말이야!"

알로가 고개를 끄덕였다. 아까처럼 알로 머리 위 안테나가 무지갯빛으로 빛나고 땅이 우르르 흔들리더니 다시 우리 집으로 돌아왔다.

이제 살았구나 싶었지만, 코끝에선 아직도 그 냄새가 나는 듯했다. 악몽을 꾸고 난 것 같아 쉽게 일어나지 못하고 있었다.

그런 나를 보고 알로가 말을 걸었다.

"패스트 패션은 이처럼 엄청난 희생을 치르고 만들어지는 거야. 그래도 입고 싶은 마음이 들어?"

"알았어. 알았다고! 안 입을게. 이제 됐냐? 너 정말 돌봄 로봇 맞아? 괴롭힘 로봇 아니고?"

나는 소리를 지르며 따졌다. 하지만 알로는 아랑곳하지 않고 한마디 더 했다.

"오늘 우리가 본 모습은 일부에 불과해. 지금 이 순간에도 전 세계에서 대량으로 유통, 폐기되는 패스트 패션 옷 때문에 끔찍한 환경오염이 계속 일어나고 있어. 명심해! 그 오염의 피해는 고스란히 인간들에게 다시 돌아와."

"그래. 당장 나한테 벌어지는 일이 아니라고 지나치기엔 좀 심하더라. 만약에 내가 사는 곳이 그렇게 된다면……, 어휴."

내 말에 알로의 눈이 웃는 모양이 되었다. 안테나의 빛이 노랗게 반짝였다.

"맞아! 우리가 한철 입고 쉽게 버리는 옷이 얼마나 많은 것을 잃어 가며 만들어졌는지 생각해 봐야 해. 엄청난 양의 쓰레기에 대해서도."

준수랑 민아가 같이 보았으면 좋았을 텐데, 하는 아쉬움이 남았다. 그리고 옷이 아니라 민아에게 잘 보일 수 있는 다른 방법이 뭐가 있을지 고민하게 되었다.

아, 그나저나 알로는 그냥 로봇이 아닌 것 같은데? 뭐지?

패스트 패션,
환경오염도 패스트!

🏭 패스트 패션

유행하는 스타일의 옷을 빠르게 제작해서 비교적 저렴한 가격으로 판매하는 옷을 패스트 패션이라고 해. 지금까지의 의류 시장은 계절마다 한 번씩 신상품을 내놓았는데, 패스트 패션 업체들은 1~2주마다 40벌에서 60벌의 신상품을 선보여. 한 업체의 예를 들어 보면, 일주일에 500여 가지의 새로운 디자인의 옷을 만들었고, 1년간 약 4억 5천만 벌의 옷을 만들었어.

이 옷들의 제작은 본사에서 직접 운영하는 공장에서 하지 않아. 인건비와 물가가 저렴한 인도, 중국, 방글라데시 같은 다른 나라에서, 그 나라 의류 공장에 일감을 주고 제작하는 방식이야.

유행하는 옷을 저렴한 가격으로 여러 벌 살 수 있어서 소비자들의 반응도 빠르고 좋을 수 있지만, 유행이 지나면 쉽게 버리고 새 옷을 사게 되지. 그만큼 자원이 낭비되고, 환경·인권 문제도 심각해.

🏭 합성섬유에서 나오는 미세섬유

폴리에스터, 나일론, 아크릴 같은 합성섬유 옷에서는 매우 작은 가닥의 미세섬유가 나와. 현미경으로 봐야만 겨우 볼 수 있을 정도로 작은 플라스틱 조각이지. 한 번 세탁할 때마다 옷 한 벌에서 평균 22만 개, 최대 70만 개의 미세섬유가 빠져나오는데, 세탁할 때 나온 미세섬유들은 너무 작아서 하수처리장에서 걸러지지 못하고 그대로 바다로 흘러 들어가. 이 미세섬유가 해마다 바다에 생수병 500억 개가 버려지는 것과 같은 양의 오염을 일으키고 있어. 이 오염으로 해마다 10만 마리의 해양 생물들이 죽어 가.

　세탁할 때뿐만이 아니야. 놀랍게도 입고 있는 동안에는 세탁할 때보다 3배나 많은 미세섬유가 나온다는 연구 결과도 있어. 입고 있을 때 나온 미세섬유들은 공기 중으로 흩어져 쌓이게 돼. 세계적으로 보면 해마다 한 사람이 옷을 세탁할 때 3억 개의 미세섬유를 바다로, 옷을 입고 있을 때 9억 개의 미세섬유를 공기 중으로 내보내고 있는 거야.

이런 노력을 하고 있어요!

친환경 패션, 오래 입을 수 있는 옷으로

🌱 슬로우 패션

패스트 패션과는 반대되는 말이야. 생산, 소비, 폐기 과정에서 환경을 고려해 오염과 자원 낭비를 최소화하려는 거야. 친환경 소재를 사용하고, 공정 과정에서 의류 쓰레기를 최소화하고, 염색도 친환경적인 방법으로 해.

다시 입고, 고쳐 입고, 나눠 입으며 옷의 수명이 다할 때까지 최대한 입지. 이렇게 되면 자원도 아낄 수 있고, 환경 파괴도 막을 수 있어. 또한, 무리한 생산 과정에서 발생하는 인권 문제도 개선될 수 있지.

🌱 비건 패션

채식주의자를 가리키는 '비건'에서 나온 말이야. 가죽, 모피, 울 등의 동물성 소재를 사용하지 않고 만드는 옷을 말해. 인간의 이기심으로 동물을 가혹하게 죽이는 것을 반대하는 거지. 그래서 대안 원단으로 동물 학대 없는 옷을 만드는 거야.

미국 할리우드에서는 모피 판매가 금지되기도 했어. 우리도 친환경 천연 소재로 만든 다양한 제품들을 찾아서 사용해 보는 것은 어떨까.

옥수수 섬유로 만든 양말, 파인애플 잎으로 만든 신발, 우유 부산물로 만든 등산복·가방·티슈, 오렌지 껍질과 부산물로 만든 스카프, 포도와 버섯으로 만든 가죽 등 다양하게 시도되는 상품들이 있어. 우리의 소비가 점점 늘어나면 제품 생산도 더욱 활발해질 거야.

🌱 옷에 관한 생각을 바꿔 보기

옷으로 나의 개성을 표현하는 것은 중요해. 하지만 유행에 맞춰서 바로바로 새 옷을 사기 전에, 가지고 있는 옷을 한번 돌아보는 것은 어떨까? 옷에 대한 바른 관리법과 세탁법에 관심을 가지고, 있는 옷을 다르게 매치해서도 입어 보고, 내가 입지 않을 옷은 주변 사람들과 바꾸어 입으면서 옷의 수명을 최대한 연장하는 거야.

옷을 일회용처럼 생각하지 말고, 좋은 옷을 사서 오랫동안 입는 거지. 남들이 제시하는 유행을 좇는 것이 아닌 내가 만들어 가는, 나만의 추억이 있는 옷장을 만들어 나가는 거야.

그거야말로 진정한 패셔니스타가 아닐까.

7
별빛이 사라지고 있어

"와, 별이 정말 많아요. 고마워요, 아빠!"

방학이 되자마자 엄마는 '아빠와 함께하는 천문대 캠핑 체험'을 신청했다. 별을 관찰하고 싶다고 오래전부터 엄마 아빠를 졸라 댄 덕분이었다. 물론 알로도 함께 왔다. 아빠와 나, 알로는 하늘이 어두워지는 것을 보고는 재빨리 캠핑 의자를 펴고 앉아 하늘의 별을 관찰했다.

"예전에는 별도 참 많았는데, 아빠는 시골에서 태어나고 자라서 매일 밤 많은 별을 봤거든. 그런데 요즘은 별을 보는 것이 어려워졌구나."

아빠의 어릴 적 이야기를 부러운 듯 듣고 있는데, 알로가 한마디 하며 끼어들었다.

"불빛이 많아서 그래요."

"하하하, 맞다, 알로. 역시 내가 로봇 하나는 잘 만들었다니까."

아빠는 기분 좋게 웃으며 알로를 칭찬했다. 불빛이 많아서 별이 없다는 건 또 무슨 소리지?

쳇, 나도 칭찬받고 싶은데. 나만 모르는 이야기를 하는 것에 뾰로통해서 알로에게 눈을 흘기며 작은 목소리로 물었다.

"왜 나만 모르는 소리를 하고 그래. 불빛이 많은데 왜 별이 사라진 거야? 궁금하단 말이야. 나도 알려 줘."

그때 하늘에서 큰 별 하나가 호선을 그리며 떨어졌다. 우아, 내가 지금 본 게 책에서나 보던 그 별똥별? 마치 우주 쇼를 보는 것 같아서 두 눈을 휘둥그렇게 뜬 채 한참 동안 하늘만 보았다.

그사이 아빠는 저녁 식사 준비를 한다며 자리를 비우셨고, 그 순간 알로의 안테나에서 불빛이 반짝였다.

"너 또 어디 가려고?"

"별들이 왜 없어졌는지 궁금하다고 했잖아. 알려 주려고……."

별들이 없어진 이유도 궁금하고, 알로가 이번에는 나를 우주에 데려가려는 것일지 살짝 기대도 되었다.

"응응, 가 보고 싶어. 저녁 먹으려면 시간이 걸릴 테니까, 우리 빨리 다녀오자."

알로는 내 대답이 끝나기도 전에 뛰기 시작했다. 나는 아빠에게 저녁 먹기 전까지 알로와 놀고 오겠다며 허락을 받고 재빨리 알로 뒤를 따라갔다. 알로는 달리기 선수라도 된 것처럼 빠르게 뛰었고, 그에 질세라 나도 열심히 알로 뒤를 따라붙었다.

그렇게 얼마를 뛰었을까? 어느 지점부터 몸이 붕 뜨는 것 같더니 내 두 발이 땅에서 멀어지기 시작했다. 그리고 얼마 지나지 않아 나와 알로는 땅이 아닌 하늘에 떠 있었다.

"지금부터는 네 두 팔을 움직여야 앞으로 갈 수 있어. 자, 이렇게!"

알로는 새라도 된 듯 두 팔을 펼쳐 날갯짓을 했다. 로봇이 날갯짓하는 모습도 웃기고, 이게 무슨 상황인지 몰라 당황스러워진 나는 멀뚱멀뚱 알로를 보고만 있었다. 그사이 내 몸은 조금씩 아래로 내려가더니 알로와 멀어지기 시작했다.

"아, 알로오! 살려 줘."

알로는 발버둥 치는 내 손을 잡아 하늘로 끌어당기며 날갯짓을 하라고 재촉했다.

"그러니까 내가 하라는 대로 했어야지."

"알았어, 알았어. 이렇게 하면 되는 거지?"

나는 알로처럼 두 팔을 활짝 펴고 열심히 날갯짓을 했다. 몇 번을 아래위로 움직였을 뿐인데, 마치 새가 된 것처럼 몸이 가벼웠다. 아래를 내려다보니 빽빽이 들어선 건물들, 아파트, 강 사이로 연결된 다리도 보였다. 내가 날고 있다니, 그 사실만으로도 놀랍고 신기했다.

그때 '끼륵끼륵' 소리가 들리더니 내 오른편으로 새들의 모습이 보였다. 제일 앞에는 대장 새가 날아가고 그 뒤에 삼각 모양으로 무리를 지은 새들이 어딘가로 날아가고 있었다. 속도가 얼마나 빠른지, 새들은 우리를 금세 앞지르더니 멀리로 날아가는 듯 보였다. 하지만 얼마 가지 않아 건물들이 빽빽하게 들어선 도시가 나타나고, 새들은 이상하게도 건물에 부딪힐 듯 비껴가고, 비꼈나 싶으면 다시 건물 가까이 가기를 반복하며 아슬아슬 날고 있었다. 왜 피하지 않는 건지, 곡예 하듯 날아가는 새들의 모습이 이상했다.

"저 새들 무리의 모습이 어때?"

"불안해 보여. 앞에 건물이 있는데 왜 가까이서 날아가는 거야? 피해

야 하잖아."

"새들은 별빛과 달빛을 보며 높은 곳으로 날아가는데, 건물에서 나오는 불빛이 밝으니까 그것을 별빛이나 달빛으로 착각하고 건물 가까이로 가는 거야. 그러다가 건물에 부딪히면……."

알로의 말을 듣고 있는데, 방금 보았던 새들 무리의 모습이 보이지 않았다. 분명 높은 건물 사이를 모두 무사히 통과했는데, 아파트 사이에 가려진 건지 아무리 찾아도 도통 찾을 수가 없었다.

"알로! 아까 봤던 그 새들, 건물에 부딪힌 건 아니겠지?"

"글쎄, 저쪽으로 가서 찾아 보자."

알로와 나는 날갯짓을 하며 새들 무리가 갔을 법한 방향으로 날아갔다. 한참을 두리번거렸지만 새들은 보이지 않고, 엄청난 규모의 건물 틈새로 무엇인가 움직이는 모습만 희미하게 보였다가 사라졌다. 내가 봤던 새들이 아닐지도 모르지만, 그냥 갈 수는 없었다.

얼마를 더 날았을까? 높은 건물들의 풍경이 끝나 갈 무렵, 불빛이 희미해진 작은 하천 위로 날개를 퍼득거리며 이동하는 새의 모습이 보였다. 대장 새였다. 이어서 나타난 새들 무리를 보는 순간, 나도 모르게 안도의 한숨을 내쉬었다.

"야호! 살았다. 새들이 살았다."

얼마나 걱정이 되었던지, 나도 모르게 알로를 끌어안고 소리를 질렀다. 하지만 알로는 그런 나를 보며 다른 말을 하기 시작했다.

"저 새들은 무사히 이곳을 지나갔지만, 이곳만 지난다고 안심할 수는 없어. 도시 곳곳에 불빛이 많거든. 당연히 별빛은 가려질 거고, 새들은 또 불빛을 별빛이나 달빛으로 착각하고 따라갈 거야."

"아, 별들이 사라진 이유가 그거였구나. 불빛이 밝아서?"

"맞아. 하지만 실제로 별들이 사라진 건 아니야. 하늘의 별은 무수히 많지만, 밤에도 환한 빛들이 많으니 별빛이 잘 보이지 않는 것뿐이야."

날갯짓을 계속해서 팔은 조금 아팠지만, 새들이 안전한 곳까지 가는지 확인하고 싶었다.

"알로, 우리 저 새들 따라가 보자. 새들이 도시를 무사히 지나갔으면 좋겠어."

알로와 나는 열심히 날갯짓을 하며 새들 무리를 따라갔다. 어느새 우리가 도착한 곳은 건물들이 높이 솟은 도시가 아닌, 어둡고 한적한 시골 마을의 하늘이었다.

그런데 새들이 날아가는 방향을 따라가다 보니 어느 순간 주변이 환

해지면서 밝은 빛이 비췄다. 순식간에 밝아진 모습에 나는 눈을 감아 버렸다. 잠시 후 눈을 뜨니, 대낮처럼 밝은 골프장이 보였다.

"골프장은 대부분 도시를 벗어나 있지만 불빛이 강하기로 유명해."

새들은 골프장 불빛을 별빛으로 착각하고 날아갔던 것이다. 혹시 골프장 바닥으로 떨어진 건 아닐까? 나는 걱정되는 마음에 사방을 두리번거렸다.

"저쪽을 봐. 새들이 무사히 하늘 위로 날아갔어. 골프장 불빛도 무사히 피한 것 같아."

알로의 말을 듣고 반대편 하늘을 보니 대장 새를 따라가는 새들 무리의 모습이 보였다. 안심이 되었다. 이미 멀어져 버린 새들 무리의 뒷모습을 보며 마음속으로 잘 가라는 인사도 했다.

"아빠가 저녁 준비 끝내셨을 거야. 이제 캠핑장으로 가자."

알로는 고개를 끄덕이더니 반대편으로 방향을 바꾸며 날갯짓을 했다. 날아가며 아래를 보니 우리가 지나왔던 도시와 아파트들이 보였다. 알로는 무슨 일인지 그곳에서 다시 멈춰 뭔가를 알려 주었다.

"저기 모습을 봐. 집집마다 불이 켜진 데다 사람들은 텔레비전을 보거나 휴대폰을 보고 있어. 밖에서 집 안으로 들어오는 빛까지 있으니, 사람들은 잠을 자도 피곤을 느끼고 병이 생기기도 해. 아이들 성장에도 방해가 되고."

순간, 밤이 되도록 게임에 몰두했던 내 모습도 떠올랐다.

"밤에도 밝은 빛은 사람에게도 좋지 않구나. 이제 밤에는 게임하지 말아야겠지?"

"물론이지."

그 순간 하늘에는 별 스위치라도 누른 것처럼 곳곳에서 반짝반짝 별빛의 수가 빠르게 늘어나는 모습이 보였다. 넋을 놓고 보고 있는데, 몇 차례 몸이 움직이더니 공중에서 한 바퀴 뱅그르르 돌았다가 툭, 착지하듯 땅에 발이 닿았다.

어느새 천문대 캠핑장에 돌아왔다.

"재미있게 놀았니? 아빠가 카레 준비했으니 저녁 먹자."

고개를 들어 하늘을 보니 마치 소금을 뿌려 놓은 것처럼 별들이 가득했다. 그때 아빠가 내 휴대폰을 가져오며 게임을 제안했다.

"마루야, 우리 저녁 먹고 게임할까? 아빠가 너 이길 수 있는데."

"아니요. 아빠, 이제 밤에는 휴대폰으로 게임을 하지 않는 게 좋겠어요. 밤에 불빛이 많으면 안 되니까요. 보드게임 가져왔으니, 그걸로 놀아요."

"오, 그래? 맞다. 우리 마루, 역시 아빠 아들인걸."

아빠는 내 머리를 쓰다듬으며 칭찬했다. 별을 보며 먹는 카레의 맛은 정말 꿀맛이었다.

밝은 빛은 동식물과 인체에 모두 해로워

🏭 전 세계 인구 80% 이상이 빛 공해에 시달리고 있어

2018년, 일본 홋카이도에서는 규모 6.7의 강진으로 대규모 정전 사태가 발생했어. 하지만 많은 사람이 불안에 떨었던 그 상황에도 SNS에는 뜻밖의 사진들이 공유되며 사람들의 감탄을 자아냈어. 사진에 나타난 풍경은 은하수였어. 밤하늘을 환히 밝히던 불빛이 사라지자 아름다운 밤하늘의 모습이 나타난 거야. 도시의 빛 공해가 심해지면서 사람들은 밤하늘의 진짜 모습을 보지 못했던 거지. 지구의 빛 공해는 얼마나 심각했던 걸까?

2016년 과학자들은 빛 공해 문제를 파악하기 위해 지구 관측 위성이 촬영한 사진을 분석했고 결과는 심각했어. 전 세계인의 80퍼센트 이상은 빛 공해로 깨끗한 밤하늘을 보지 못하고 있었던 거야.

빛 공해는 인공조명이 너무 밝거나 지나치게 많아서 밤에도 낮처럼 밝은 상태를 말해. 안전과 편리를 위해 밤에도 조명은 필요하지만 지나치게 밝은 빛은 밤하늘의 별빛마저 가릴 만큼 공해가 된 셈이야. 인공조명은 그 종류도 다양하고 많아. 우리가 흔히 집에서 사용하는 조명부터 가로등, 건물의 간판 네온사인, 노트북, 휴대폰, 자동차 헤드라이트 등 우리 주변 곳곳에서 사용되고 있어.

밝은 밤, 생태계를 위협하고 있어

빛 공해의 피해는 생태계로 이어지고 있어. 철새들은 달빛이나 별빛을 보고 이동하는데, 도시의 인공 빛을 따라 이동하다 건물 벽에 부딪혀 죽기도 하고, 달빛을 따라 바다로 향하는 새끼 거북들은 인공조명을 달빛으로 착각해서 엉뚱한 곳으로 가다 천적에게 잡아먹히기도 해. 도로 같은 곳으로 간다면 죽거나 크게 다치게 되지. 불빛을 좋아하는 곤충들도 마찬가지야. 인공조명 주변으로 날아들었다가 포식자에게 잡아먹히거나 교배와 이동에 어려움을 겪으며 개체 수가 크게 줄게 돼. 낮에 울어야 하는 매미가 밤에도 쉬지 않고 우는 것도 밝은 불빛 때문이야.

식물들은 어떨까? 밤에도 밝은 빛이 비추니까 잎이 마르기도 하고 광합성 등에 영향을 받아 제대로 성장하지 못하거나 꽃이 피고 열매를 맺는 시기가 달라지기도 하지. 이런 이유로 맛은 물론 영양소가 떨어지기도 해.

이런 노력을 하고 있어요!

빛나는 밤하늘을 찾고, 빛 공해 줄이는 대책 마련

🌱 밤하늘을 지키기 위한 다양한 사회 운동

밤하늘을 밝게 비추는 간판 조명, 밤새도록 화려하게 움직이는 옥상의 광고가 넘쳐나면서 과도한 조명을 끄고 불필요한 조명 사용을 줄이자는 목소리가 높아졌어. 지구의 날(4월 22일) 저녁 8시부터 한 시간 동안 불을 끄는 행사는 그런 움직임에서 시작된 빛 공해 줄이기의 대표적 사회 운동이야.

천문학자들이 모여 만든 국제어두운밤하늘협회(IDA)라는 단체는 '불을 끄고 별을 켜자'라고 외치며 밤하늘 찾기 운동을 시작했어. 이 협회에서는 세계 각국에 밤하늘 보호공원을 지정해서 밤하늘 지키기에 나섰는데, 현재 전 세계에는 60개의 밤하늘 보호공원이 지정되어 있어.

우리나라 경상북도 양양에 있는 '반딧불이 생태 공원'은 2015년 10월 31일에 지정된 밤하늘 보호공원으로 아시아 최초로 선정된 곳이야.

🌱 다양한 법규와 규제를 만든 나라들

미국은 오래전부터 과도한 빛을 공해로 인식하고 다양한 규제를 만들었어. 1972년 미국의 애리조나주에서 제정한 '빛 공해 방지법'이 그 시작이야. 이

후 미국의 100개가 넘는 도시에서 빛 공해 관련 법규를 만들었고 지금도 시행 중인데, 건물이나 집 밖의 조명에 전등갓을 씌워 밝기를 낮추거나 빛이 비추어지는 면적에 따라 조명 시간을 제한하고, 조명의 밝기를 낮추는 기술 활용이 대표적이야.

영국에서는 개인의 사생활을 침해하는 불빛에 대해서는 자신이 살고 있는 지방자치단체에 이의 제기를 할 수 있어. 빛 공해라는 게 확실해지면, 빛 공해를 일으킨 쪽에 벌금을 부과할 수 있어.

프랑스에서는 2013년부터 모든 광고판에 대해 새벽 1시부터 6시까지 불을 꺼야 하는 법규를 만들었어.

🌱 우리나라는 세계 2위 빛 공해 국가

2016년 국제 공동 연구팀은 세계에서 빛 공해가 많은 지역이 어디인지 조사했어. 안타깝게도 우리나라는 세계에서 두 번째로 빛 공해 지역이 많은 나라로 조사되었어. 그중 서울은 대한민국에서 가장 많은 시설과 인구가 모여 있어 빛 공해도 심각한 상황이었어.

서울시는 밝기가 낮은 LED 조명으로 간판을 바꾸고 오래된 가로등을 교체하는 사업을 꾸준히 진행했고, 빛 공해를 줄일 수 있는 정책들을 차근차근 실천하고 있어.

휴대폰도 빛 공해

8
쫌비 다이옥신

집 가는 길에 있는 휴대폰 가게에는 '신학기 맞이, 키즈 폰 무료 행사', '신학기 휴대폰 공짜, 사은품 왕창'이라는 문구가 잔뜩 붙어 있었다.

'새 휴대폰은 게임도 할 수 있겠지? 용량도 클 거고. 좋겠다. 근데 공짜라고? 정말인가?'

그 광고 문구에서 나는 눈을 뗄 수가 없었다. 내 휴대폰은 용량이 부족해서 게임도 내려받을 수가 없다. 그런데 새 휴대폰이 공짜라니, 갖고 싶었다. 고민하다가 엄마에게 용기를 내어 전화했다.

"엄마. 나…… 휴대폰 바꿔 주면 안 돼?"

"휴대폰? 갑자기 왜?"

"나도 애들 다 하는 게임하고 싶어. 그런데 내 휴대폰은 용량이 작아서 할 수가 없어."

"전에 말한 그 게임? 엄만 그거 안 했으면 좋겠는데. 휴대폰 바꾸는 건 다음에."

또 다음에! 엄마는 내 마음을 몰라도 너무 모른다. 나는 그런 엄마한테 너무 섭섭해서 대답도 대충하고 전화를 끊었다. 그러자 옆에 있던 알로가 고개를 갸웃거리며 말했다.

"왜 바꾸려고 해?"

"나도 새 휴대폰 갖고 싶어. 공짜로도 살 수 있다는데 엄마는 알아보지도 않고 계속 안 된다고만 하고."

"망가지지 않았는데, 굳이 새 휴대폰을 사는 것은 옳지 않아."

"다 되긴! 게임도 할 수 없는데."

그러자 알로의 안테나가 무지갯빛으로 빛나기 시작했다. 앗! 저건?

"안 가! 이번엔 안 가!"

내가 재빨리 말했다. 그러자 알로가 나를 빤히 바라보더니 말했다.

"그럼 내가 내는 문제를 맞히면 안 데려갈게."

"정말? 좋았어. 말 바꾸기 없기다! 쉬운 문제로 내 줘."

알로는 고개를 끄덕이고 자기 손목에 있는 시계에 무언가를 입력했다. 그러고는 시계 액정을 나에게 보여 주며, 다른 한 손으로 내 손을 꼭 잡았다. 시계에서 알람 소리 같은 전자음이 들리며 문제가 나왔다.

다음 중 휴대폰에 들어가는 광물의 종류가 아닌 것은?
1. 팔라듐 2. 코발트 3. 금 4. 탄탈룸 5. 리튬

쉬운 걸 낼 리가 없다는 건 알았지만, 정말이지 금 빼고는 다 모르는 것들이었다.
'어차피 모르는 거 찍자. 귀금속도 아니고 금이 왜 들어가겠어.'
"3번!"

그 순간, 거센 바람과 함께 온몸이 심하게 회전하며 정신없이 어디론가 끌려 들어갔다. 알로의 손을 잡고 있었지만, 태풍 같은 바람에 내가 깃발처럼 펄럭이는 것 같았다. 그러곤 갑자기 훅 떨어지듯이 주저앉았는데 바닥에 뾰족뾰족한 게 잔뜩 있어서 무척 아팠다. 아야! 엉덩이를 비비며 주위를 둘러보니 전자 제품 더미가 산처럼 쌓여 있는 곳이었다.

'여긴 또 어디야. 고물 파는 곳인가?'

눈썹을 치켜뜨며 알로를 쳐다봤다. 그러자 알로가 말을 했다.

"너 조금 전 문제 틀렸어. 정답은 5번이야. 이번엔 불만 없지? 지금 이곳은 가나의 아그보그블로시라는 곳이야. 아 참, 이곳에선 네가 코피야."

"뭐? 나 코피 났어?"

"아니, 이곳에서 너의 이름이 코피라고."

'무슨 이름이 코피야, 아오. 여긴 또 뭐 하는 곳인데.'

속으로 구시렁거리고 있는데, 갑자기 메케하고 고약한 냄새가 났다. 그리고 곳곳에서 검은 연기가 피어오르더니, '탕탕' 무언가를 때리는 소리가 들렸다. 공기도 나쁘고, 알 수 없는 검은 연기가 보이고, 둔탁한 소리까지 들리니 마음이 많이 불편했다. 하지만 알로는 태연하게 말했다.

"이곳은 전 세계 전자 제품 쓰레기가 모이는 곳이야. 텔레비전, 냉장고, 에어컨 같은 전자 쓰레기의 양이 엄청나지. 더구나 유행이 엄청 빠른 휴대폰, 컴퓨터는 전보다 그 양이 빠르게 늘고 있어. 휴대폰처럼 작은 제품들은 잘 회수되지 못하고 버려지는 경우가 많아."

그때 어떤 아이의 목소리가 들려왔다.

"코피, 너 또 어디 숨었어! 빨리 와서 이거 해야지!"

'코피? 나?'

정신을 차리고 소리가 나는 쪽을 바라보니 사람들이 모여서 무언가를 하는 것이 보였다. 대답하고 급히 내려가려는데, 생각보다 높고 위험했다. 쓰레기가 아슬아슬하게 쌓여 있어서 엉금엉금 기어서 내려갔다. 기어가는 것도 창피한데 내려가다 발을 헛디뎌서 엉덩방아를 찧고 말았다. 아야!

이렇게 허둥지둥 애쓰는 내가 불쌍하고 이 상황이 억울하단 생각이 들었다. 내가 휴대폰을 바꾼 것도 아닌데 왜 이 고생을 해야 하나 싶었

다. 하지만 문제를 맞히지 못했으니 뭐라고 할 수도 없었다.

저쪽에서 어른들이 망치로 컴퓨터와 텔레비전을 부수고, 이쪽에선 아이가 부서진 부품들 속에서 무언가를 열심히 집고 있었다. 하지만 장갑도 없이 맨손으로 하고 있어서 무척 위험해 보였다. 그 모습을 멍하니 바라보고 있는데, 아이가 말을 했다.

"코피야, 여기 앉아서 해."

아이가 가리키는 곳에 자리를 잡고 앉자, 저쪽에서 망치질하던 아주머니가 말했다.

"형이 그만큼 모아 놨어. 너도 꾀부리지 말고. 또 도망가면 엄마한테 혼나."

말하는 내용으로 봐서 이 사람들은 가족인 듯했다. 나는 땅에 떨어져

있는 나사를 줍기 시작했다. 그러면 형이라는 그 아이는 작은 부품들을 뜯어냈다. 그런데 그 애는 몸이 가려운지 온몸을 연신 긁어 대고 있었다. 자세히 보니 팔, 목 등이 우툴두툴했다. 벅벅 긁는 모습을 보니 나도 가려운 것 같았다. 아니나 다를까, 내 등도 근질근질해서 만져 보니 피부가 부풀어 있었다.

 손이 잘 닿지도 않는 등 긁으랴, 나사 주우랴 정신없어 하다가 깨진 플라스틱의 날카로운 부분에 팔이 긁히고 말았다. 피가 배어 나왔다. 그 피를 바라보는데 얼마나 서럽던지. 눈물이 찔끔 났다. 다친 팔보다 마음이 아팠다. 이런 나를 보더니, 옆에 있던 형이 자기 옷으로 상처를 감싸 주며 말했다.

 "코피야, 괜찮아. 형 손 봐. 상처 많이 있지? 금방 아물었어. 너도 잘 나을 거야."

 내 또래 같은데 그 아이는 당황하지도 않고, 이런 상황이 일상인 듯 나를 위로해 주었다. 다치고 기운 없는 나를 보고는 엄마가 그늘에서 잠깐 쉬고 오라고 했다.

 그늘에 가서 앉자 알로가 다가왔다.

 "많이 다쳤어? 내가 집에 가서 약 발라 줄게. 지금처럼 장비를 갖추지 못하고 위험한 일을 하다 보니 자주 다치게 돼. 위험한 걸 알지만 돈을 벌기 위해 아이들까지 나와서 일하고 있고."

걱정해 주는 알로의 말을 듣는데, 저 앞에서 피어오르는 연기가 궁금해졌다.

"뭘 저렇게 태우고 있는 거야?"

"전선이나 전자 기기의 회로판을 태우는 거야. 그 속에 들어 있는 부품과 금속을 얻으려고. 그러는 동안 사람들은 납과 수은에 중독되지. 필요한 부품을 떼어 내고 쓸모없는 플라스틱을 버릴 때도 그냥 불태우거나, 땅에 묻거나, 강에 내다 버려. 그러다 보니 사람들의 건강과 환경 문제가 심각해."

"그럼 어떻게 해야 해?"

"전자 쓰레기는 전문적인 설비가 갖춰진 곳에서 처리해야 해. 플라스틱도 높은 온도에서 태워야 하는데, 지금처럼 야외에서 그냥 태우면 다이옥신이라는 물질이 나와."

다이옥신? 어디서 들어 본 것 같다고 생각했는데, 알로가 이어서 말했다.

"다이옥신은 '인간이 만들어 낸 가장 유독한 물질'이라고 할 정도로 해로운 물질이야. 한번 만들어지면 잘 없어지지 않고 공기, 땅, 물에 고스란히 남아 있다가 동식물의 몸 안에 들어가서 수십 년 혹은 수백 년 동안 머무르며 병을 일으켜. 사람한테도 마찬가지고."

알로의 말을 들으니, 좀비가 생각났다. 죽지 않고 계속 사람을 괴롭히는 좀비! 순간 오싹했다.

"다이옥신에 적은 양이라도 노출되면 처음에는 구토, 피부병 등이 생기고, 폐·간·콩팥 등을 손상시켜. 다이옥신은 중독된 사람민 죽이는 게 아니라 그 자손들까지 대대로 생식기능을 떨어뜨리고 기형, 발달장애, 유전장애, 성조숙증 등을 일으켜. 정말 최악의 독성 물질이지."

알로의 복잡한 말을 들어서일까? 등이 가려워서일까? 머릿속이 복잡해지면서 갑자기 속이 울렁거렸다.

"알로……. 나, 갑자기 토할 것 같아. 다이옥신에 중독된 건 아니겠지? 나 어떡해!"

점점 울컥해서 입을 틀어막았다. 돌아가자고 알로를 붙잡은 순간, 웩! 토를 하고 말았다.

다시금 거센 바람에 휩쓸려 집에 도착했다.

나를 보는 알로의 눈빛이 이글거리는 것 같았다.

"미안해. 속이 너무 안 좋아서 그만……. 미안. 내가 닦아 줄게."

알로의 배를 닦아 주면서도 방금 보았던 가족이 생각났다.

"그곳에서 일하고 사는 사람들의 고통은 정말 심할 것 같아. 더구나 그 피해가 계속해서 이어진다니."

내 말을 듣고 있던 알로가 말했다.

"요즘은 디지털 기기, 전자 제품을 편하게 쓸 수 있는 시대야. 앞으로 사용량은 점점 늘어나겠지. 그러니 지금부터라도 전자 쓰레기, 전자 폐기물에 관한 생각을 해야 해."

나는 그동안 새로운 것, 좋은 것을 사는 것만 생각했지, 사용하던 제품이 버려진 이후에 어떻게 될지는 생각해 본 적이 없었다. 그 버려진 쓰레기로 인해 고통받는 아이들이 있다는 것은 미처 생각하지 못했다.

물건을 살 때 버리는 과정도 생각한다면, 지금의 문제들을 많이 줄일 수 있겠다는 생각이 들었다. 이런 마음을 가진 내가 꽤 괜찮은 사람이라는 생각이 들면서 입가에 미소가 번졌다.

기술과 광물의 집약체,
쉽게 사고 버리면 안 돼

🏭 수질·토양·공기 오염

전 세계에서 버려지는 전자 쓰레기의 양은 5천만 톤이 훨씬 넘어. 그중에 10퍼센트도 안 되는 양만 재활용되고, 나머지 쓰레기는 대부분 영세한 개인과 업체에 의해 분해, 매립, 소각되고 있어. 이 과정에서 수질·토양·공기를 오염시키고, 지구온난화 문제도 일으켜.

가나의 아그보그블로시처럼 전자 쓰레기가 모이는 지역의 오염도는 심각해. 야외에서 마구잡이로 태운 각종 부품은 다이옥신을 만들고, 중금속 가루인 분진 등이 날려 공기는 최악이 되었어. 또한, 땅에 묻은 부품들에서 나오는 수은, 납 등으로 주변의 물과 흙이 중금속에 심각하게 오염됐지.

이렇게 공기·수질·토양이 모두 오염되면 어떤 문제가 발생할까? 그 지역에서 살아가는 모든 사람과 동식물도 나쁜 환경에 처하겠지. 먹거리도 모두 오염되어 그것을 섭취하는 사람들의 건강은 더욱 나빠지게 되는 거야.

🏭 환경호르몬계의 좀비, 다이옥신

전자 쓰레기를 땅에 묻거나 태울 때 여러 가지 중금속과 독성 화학물질이 나와. 제대로 된 소각 시설이 아닌 곳에서 낮은 온도의 불로 태우면 환경호르몬과 발암물질 등이 나오고, 이때 다이옥신, 납, 수은 등에 중독되는 거지.
 납에 중독되면 우리 몸에서 생각, 기억, 운동 등의 기능을 하는 신경조직과 해독 작용을 하는 간이 손상돼. 독성 화학물질 중에서 가장 해로운 물질은 다이옥신이야. 몸에 들어오면 면역 체계와 호르몬, 유전정보를 혼란스럽게 해서 세포의 성장과 분할에 이상을 일으키지. 그래서 환경호르몬이라고 불리는 거야.
 다이옥신은 동식물의 체내에서도 분해되지 않고 고스란히 남게 되는데, 주로 지방에 잘 축적돼. 물에도 녹지 않아서 사람이나 동물이 물을 마시고, 숨을 쉬고, 음식을 먹을 때 다이옥신을 섭취하게 되지.

휴대폰 속에 광산이 있어!

🌱 일본의 도시 광산

도시 광산은 버려지는 전기·전자 제품, 폐차량, 산업폐기물 등에서 귀금속과 희유 광물을 뽑아내서 재활용하는 방식을 말해. 1980년대에 일본에서 처음으로 시작되었어.

일본은 이 사업으로 금 6천 8백 톤, 은 6만 톤, 인듐 1천 7백 톤을 축적하고 있어. 세계 최대의 금 매장 국가인 남아프리카공화국의 금 매장량이 6천 톤인 것을 생각하면 어마어마한 양이지.

광산에서 흙 1톤을 채굴해서 금 5그램이 나오는데, 폐휴대폰 1톤에서 금 400그램이 나오거든. 버려지는 휴대폰 1톤에서 보통 금 400그램, 은 3킬로그램, 주석 13킬로그램, 니켈 16킬로그램, 리튬 5킬로그램을 추출할 수 있어.

광물 대부분을 수입하고 있는 우리나라는 어떤 노력을 하고 있을까?

서울도시금속회수센터(SR센터)에서 버려지는 광물을 재활용하는 도시 광산 사업을 하고 있어. 또한, 한국전자제품자원순환공제조합에서 하는 나눔폰 프로그램을 통해 기부도 할 수 있어.

바젤 협약과 중국의 폐기물 수입 중단

그동안 전자 폐기물은 값싼 처리 비용과 상대적으로 느슨한 환경법을 가진 후진국으로 버려지고 있었어.

바젤 협약은 전자 쓰레기의 국가 간 이동은 사실 선진국이 가난한 나라에 문제를 떠넘기는 것이라며 불법 무역을 할 수 없게 하는 국제 협약이야. 서로 거래를 하는 국가는 물론 경유하는 나라까지 사전 통보 등을 하게 해서 폐기물의 불법 이동을 최대한 줄이려고 하고 있어. 우리나라에서는 1994년 5월부터 시행하고 있어. 하지만 이 협약을 피해 전자 쓰레기를 처리하고자 선진국에서 후진국으로 중고 물품이나 구호물자로 위장해서 보내지기도 해.

전 세계의 전자 쓰레기가 가장 많이 유입되던 중국의 구이유 마을이 화제가 된 적이 있었어. 오염이 심했지만, 사람들은 수입이 끊길까 봐 괜찮은 척하기도 했지. 지금은 중국 정부가 자기 나라의 환경과 국민의 건강을 위해 법을 강화하고 전자 쓰레기 유입을 중단했어.

광물 전쟁

지구상에 매장량도 적고 일정한 지역에서만 나는 광물을 희유 광물이라고 해. 휴대폰 안에는 그 희유 광물들이 들어가.

휴대폰을 자주 바꾸면 희유 광물을 많이 쓰게 되겠네. 그럼 희유 광물이 사라질 거고, 그러면 휴대폰 가격도 비싸질 거야.

그보다 더 큰 문제는 그것 때문에 전쟁이 일어난다는 거야.

희유 광물을 뺏으려고?

맞아. 아프리카 대륙에 있는 콩고민주공화국은 그것 때문에 문제가 심각해. 이웃 나라인 르완다, 우간다와의 갈등과 내전이 끝이지 않아.

자원이 풍부한데 그것 때문에 힘들게 살고 있으니 '자원의 저주'인 셈이네.

아프리카의 주요 분쟁 지역

모로코
알제리
시에라리온
라이베리아
코트디부아르
나이지리아
콩고민주공화국
앙골라

수단
남수단
에리트레아
소말리아
우간다
르완다
부룬디
짐바브웨

자료: Council on Foreign Relations (CFR)

작가의 말

지구를 위해 우리부터 달라져 보아요

여러분은 환경 문제를 떠올릴 때 어떤 생각을 하나요?

'복잡하다', '늘 듣는 이야기다', '중요한 일이긴 하지만 나와는 상관없다'라고 생각할 수도 있고요. 반대로 '환경을 위해 작은 것부터 실천하고 있거나 할 수 있는 것이 있다면 꼭 실천하고 싶다'라고 생각하는 사람들도 있을 거예요. 이렇게 환경 문제는 많은 사람들이 다양한 생각을 주고받거나 활동을 하고 있을 만큼 중요한 문제가 되었어요.

하지만 막상 환경 문제에 관심을 가지다가도 '나 한 사람의 행동이 환경을 얼마나 파괴하겠어?'라고 생각하거나 '나의 작고 소소한 행동이 커다란 지구에 어떤 도움이 되겠어?'라는 생각을 하기도 해요. 그렇게 환경을 위한 일에 무관심해지기도 하죠. 하지만 무심코 하는 작은 행동들이 모여 수많은 환경 문제를 만들었답니다. 지금도 계속 만들어지고 있고요.

환경 문제를 만든 건 지구에 살고 있는 우리들이니 해결도 우리가 해야겠지요. 우리가 평소 즐겨 먹는 음식, 아무렇지 않게 사용하는 물건, 잘못된 습관들이 모여 지구를 아프게 만들었어요. 지구의 온도를 높이고, 물을 오염시키고, 숲을 파괴하고, 생태계를 위협하고 있어요. 그래서 환경 문제를 해결하기 위해서는 우리의 노력이 반드시 필요해요. 지금 당장 행동하지 않는다면 우리가 사는 지구는 더 이상 손을 쓸 수 없을 만큼 아파질 수 있거든요.

그럼 우리는 어떤 노력을 해야 할까요? 당장 환경운동가가 되어야 할까요? 환경 공부를 열심히 해서 할 수 있는 일을 찾아 봐야 할까요? 아니에요. 지구를 위해 우리가 할 수 있는 일은 그렇게 거창하거나 어렵지 않아요. 우리가 주변 환경에 조금만 관심을 갖고 노력하면 아픈 지구를 치료할 수 있거든요.

우리가 어떤 소비를 하고 어떤 행동을 해야 하는지, 우리 스스로 일상을 돌아보고 환경 문제에 조금씩 관심을 가진다면 그 마음과 행동들이 모여 지구는 조금씩 건강해질 거예요. 그 관심의 시작에 알로와 마루가 함께였으면 좋겠어요. 알로의 건강한 잔소리, 마루의 작은 실천과 행동들이 여러분 마음의 씨앗이 될 수 있기를 바랍니다.

미세 먼지가 없는 맑은 하늘을 꿈꾸며

김미현, 송성혜

아보카도가
사막을 만든다고?

초판 1쇄 발행 2024년 6월 28일

글 김미현 송성혜 | 그림 한호진
펴낸곳 올리 | **펴낸이** 박숙정 | **경영고문** 박시형
기획편집 최현정 정선우 김수정 | **디자인** 전성연 | **외주 디자인** 신지아
마케팅 양근모 권금숙 양봉호 이도경 | **온라인마케팅** 신하은 현나래 최혜빈
디지털콘텐츠 최은정 | **해외기획** 우정민 배혜림 | **경영지원** 홍성택 강신우 이윤재 | **제작** 이진영

출판등록 2006년 9월 25일 제406-2006-000210호
주소 서울시 마포구 월드컵북로 396 누리꿈스퀘어 비즈니스타워 18층
전화 02-6712-9800 | **팩스** 02-6712-9810
이메일 allnonly.book@gmail.com | **인스타그램** @allnonly.book

ISBN 979-11-986-8 73330

- 책값은 뒤표지에 있습니다.
- 인쇄 제작 및 유통상의 파본 도서는 구입하신 서점에서 바꿔드립니다.
- 저작권법에 의해 한국 내에서 보호를 받는 저작물이므로 무단전재와 복제를 금합니다.
- 올리 _ all&only는 쌤앤파커스의 어린이 브랜드입니다.

 품명 도서 **제조자명** 쌤앤파커스 **제조년월** 2024년 6월 **제조국** 대한민국
KC마크는 이 제품이 공통안전기준에 적합하였음을 의미합니다.